Christin Baumbach

KONZENTRATIONS-TRAINING FÜR KINDER IM GRUNDSCHULALTER

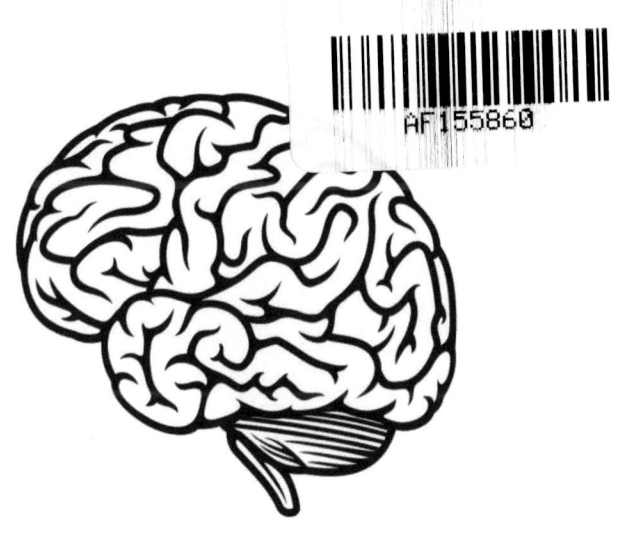

AF155860

Das spielerische Lernprogramm mit den 45 effektivsten Übungen für jeden Tag inkl. praktischem Wochenplan & spaßigen Übungskärtchen

Fam & Habit

Copyright 2021 © Christin Baumbach

Alle Rechte vorbehalten.

Inhaltsverzeichnis

Einleitung

„Hör auf zu spielen und räum endlich dein Zimmer auf!", „Wie oft muss ich dir noch sagen, dass das Essen bereit steht?" oder „Bist du mit den Hausaufgaben fertig?" – sagen Sie solche Sätze häufig zu Ihrem Kind? Haben Sie manchmal das Gefühl, dass es Ihnen nicht zuhört oder oft nicht bei der Sache ist? Vielleicht kennen Sie die Situation, wenn Ihr Kind schon gefühlte drei Stunden an den Hausaufgaben sitzt und Sie feststellen, dass es in dieser Zeit nur maximal die Hälfte der Aufgaben gelöst hat. Oder Sie merken, dass es beim Aufräumen und Essen ständig wie erstarrt aus dem Fenster schaut. Eventuell stellen Sie fest, dass Ihr Kind bei jeder Aufgabe nach kurzer Zeit eine Pause einlegt und sich mit einem Glas Wasser oder dem Smartphone ablenkt. Wahrscheinlich hat sich bei Ihnen bereits ein Frust eingestellt und Sie ärgern sich darüber, dass Ihr Kind nicht mehr bei der Sache ist und sich ständig ablenken lässt. Aber Sie sind damit nicht allein und vielen Eltern geht es so, doch die wenigsten erkennen den Grund für dieses Verhalten: eine Konzentrationsschwäche.

Im Gegensatz zu Erwachsenen, die eine Konzentrationsphase von bis zu 45 Minuten haben, können sich Kinder oft nur wenige Minuten auf eine Sache fokussieren. Bei Kindergartenkindern sind das fünf bis zehn Minuten, während Kinder in der 6. Klasse eine Konzentrationsphase von etwa 25 bis 30 Minuten haben. Doch nicht jedes Kind ist gleich und viele Kinder haben Mühe, sich über längere Zeit auf einen einzigen Reiz zu konzentrieren. Eine gute Konzentrationsfähigkeit ist nicht von Geburt an gegeben, das Kind muss zuerst lernen, alle unwichtigen Reize auszublenden und sich auf eine wichtige Aufgabe zu fokussieren. Das ist nicht so leicht, wie es sich anhört und viele Kinder haben Schwierigkeiten, insbesondere weil an jeder Ecke eine Ablenkung wie ein komisches Geräusch, ein interessantes Gespräch oder ein seltsamer Duft lauert. Hat das Kind Konzentrationsprobleme, dann lässt es sich schnell von solchen Reizen ablenken. Das ist aber kein Dauerzustand, denn Sie und Ihr Kind können etwas daran ändern.

Das Buch erklärt Ihnen, wie Sie mit den Konzentrationsproblemen Ihres Kindes umgehen und den Fokussierungsprozess gemeinsam mit Ihrem Kind steigern können. Wenn Sie die Strategien, Tipps und Tricks umsetzen, wird Ihr Kind deutlich bessere Konzentrationsfähigkeiten entwickeln. Dazu erfahren Sie zuerst einige wertvolle Informationen, was Konzentration überhaupt ist, welche Gehirnareale eine Rolle spielen und wie es zu Konzentrationsproblemen kommt. Sie lernen unterschiedliche Faktoren kennen, die Konzentrationsschwierigkeiten begünstigen und wie Sie die Fokussierung Ihres Kindes verbessern können, indem Sie kleine Veränderungen vornehmen. Das Buch stellt ein Konzentrationstraining mit verschiedenen Umsetzungsmöglichkeiten und diversen Übungen vor, sodass Sie mit Ihrem Kind zusammen an den Konzentrationsfähigkeiten arbeiten können. Für ein erfolgreiches Training finden Sie zwei Lernpläne, einen Lernvertrag und Konzentrationskärtchen mit verschiedenen Übungen als Download vor. Im Kapitel „Vorbereitung des Konzentrationstrainings" und ganz am Ende des Buches können Sie die entsprechenden Vorlagen via QR-Code oder Link herunterladen und so oft Sie möchten für Ihr gemeinsames Training nutzen. Zusätzlich folgen einige Tipps und Tricks, wie Sie unangenehme oder frustrierende Situationen verhindern, die Lernmotivation Ihres Kindes steigern und mit dem Streitthema Hausaufgaben umgehen können.

Also packen Sie die Schwierigkeiten Ihres Kindes jetzt an, setzen Sie die praxisnahen und wertvollen Tipps des Buches um und freuen Sie sich gemeinsam mit Ihrem Kind über die Fortschritte der Konzentrationsfähigkeit, die den Schulalltag und das Familienleben einfacher machen.

KAPITEL 1

Das Gehirn &
die Konzentration

J eder Mensch gelangt regelmäßig in Situationen, in denen er sich auf etwas konzentrieren muss. Auch Ihr Alltag ist von solchen Momenten geprägt, so brauchen Sie beim Kochen, beim Autofahren oder beim Arbeiten eine gewisse Konzentration. Erwachsene können sich schnell auf etwas fokussieren und haben eine deutlich höhere Konzentrationsspanne als Kinder. Trotzdem brennt Ihnen das Essen an oder Sie verursachen einen Unfall, wenn sie abgelenkt werden. Viele Eltern vergessen bei der Kindererziehung, dass die Fähigkeit zur Konzentration nicht von Beginn an gegeben ist. Kinder müssen zuerst lernen, sich zu konzentrieren und Ablenkungen auszublenden. Damit das möglich ist, sollten Sie zuerst verstehen, was Konzentration überhaupt ist, welche Rolle das Gehirn spielt und wie es zu Konzentrationsproblemen kommt.

Was ist die Konzentration?

Konzentration ist eine Reizselektion. Beim Konzentrieren lenkt der Mensch seine gesamte Aufmerksamkeit auf einen Reiz in der Form eines Inhaltes, einer Aufgabe oder einer Sache. Das hört sich im ersten Moment einfach an, doch steckt dahinter ein komplexes Zusammenspiel unterschiedlicher Faktoren.

Erwachsene und Kinder sind jede Sekunde einer Vielzahl unterschiedlicher Reize ausgesetzt. Wir erkunden unsere Umwelt in Form von visuellen Reizen mit den Augen und nehmen Gerüche mithilfe unserer Nase wahr. Wir spüren den Wind, den Regen oder sanfte Berührungen auf unserer Haut und auditive Reize gelangen über die Ohren in unseren Kopf. Jeder noch so kleine Reiz prasselt auf uns ein und das Gehirn verarbeitet die Flut an Informationen. Erwachsene haben gelernt, die Vielzahl an Reize zu selektieren und zu priorisieren. Wenn Sie ein Auto fahren, lassen Sie sich wahrscheinlich nicht von einem komischen Geräusch im Radio ablenken, wenn Sie aufgrund eines hohen Verkehrsaufkommens gerade stark auf die Straße konzentriert sind. Denn das Radio ist in dieser Situation unwichtig und trägt nicht zu einer sicheren Fahrweise bei, weshalb Sie es ausblenden. In dem Moment ist Ihr Fokus auf das Lenkrad, die Pedale und die Straße gerichtet.

Kinder sind noch unerfahren und reagieren schneller auf neue oder interessante Reize. Sie müssen erst noch lernen, welche Reize in welchen Situationen Priorität haben. Obwohl einige Eltern das Gefühl haben, dass ihr Kind immer unkonzentriert ist, stimmt das nicht. Jedes Kind hat Phasen, in denen es eine hohe oder eine tiefe Konzentration hat. Meist wechseln sich die zwei Phasen ab. Schon als Baby und Kleinkind lernen sie, sich gewissen Objekten oder Aufgaben zuzuwenden. Wann die Konzentration erhöht ist, hängt stark von der Situation ab. Es gibt Kinder, die problemlos 30 Minuten am Stück malen können, doch sobald sie etwas lesen sollten, spielen sie nach fünf Minuten mit dem Stift. Oder kennen Sie die Situation, wenn Sie Ihr Kind gefühlte 50-Mal rufen müssen, bis es endlich zum Essen kommt, weil es derart ins Spiel vertieft ist? Doch sobald es das Zimmer aufräumen muss, dauert es eine Ewigkeit, weil immer interessantere Sachen Vorrang haben. [1, 2]

Was ist der Unterschied zwischen Aufmerksamkeit & Konzentration?

Aufmerksamkeit und Konzentration sind nicht dasselbe. Die Konzentration ist ein Teilbereich der Aufmerksamkeit und eine Steigerung dieser. Der Mensch ist zu fast jeder Zeit aufmerksam, um auf wichtige Reize zu reagieren. Das kennen Sie beispielsweise, wenn Sie mit Ihrem Kind im Straßenverkehr unterwegs sind. Dann sind Sie immer bereit, in gefährlichen Situationen einzugreifen. Diese Form von Aufmerksamkeit wird Vigilanz genannt und stammt noch aus früheren Zeiten. Vor Tausenden Jahren musste der Mensch lernen, ständig auf der Hut zu sein und kleine Details wahrzunehmen, um zu überleben. Was früher zum Überleben gehörte, ist heute eher unwichtig. Eine größere Bedeutung hat in der heutigen Gesellschaft die Konzentration. Erwachsene und Kinder müssen sich einem Reiz über eine längere Zeit zuwenden, um zu reifen, zu lernen und sich weiterzuentwickeln. [1]

Ein gutes Beispiel zum Aufzeigen des Unterschieds zwischen Aufmerksamkeit und Konzentration ist eine Situation aus der Schule. Viele Kinder kennen solche Momente und Sie erinnern sich bestimmt noch lebhaft an vergangene Ereignisse, als wären sie gestern passiert. Die Lehrperson erzählt und erklärt etwas vor der Klasse, doch der Schüler folgt lieber einem interessanten Gespräch eines Tischnachbarn. In dem Moment ist das Kind aufmerksam und hat die Stimme der Lehrperson im Hinterkopf, aber es konzentriert sich auf das Gespräch. Kaum ruft die Lehrperson den Namen des Kindes auf, fährt es hoch und lenkt seine Konzentration wieder auf die Lehrperson. Es gibt Kinder, die in dieser Situation tatsächlich die richtige Antwort nennen oder eine Zusammenfassung des Gesagten wiedergeben können. Die meisten Kinder laufen stattdessen rot an und haben keine Ahnung, wovon die Lehrperson gesprochen hat. Hier zeigt sich gut der Unterschied zwischen Aufmerksamkeit und Konzentration, denn im Gegensatz zur Aufmerksamkeit ist die Konzentration eine Fokussierung auf einen bestimmten Reiz – das Gespräch des Tischnachbarn.

Worauf kann sich der Mensch gut konzentrieren?

Woran liegt es, dass Ihr Kind lieber dem Gespräch des Tischnachbarn folgt und nicht der Lehrperson zuhört? Die Antwort darauf ist logisch und einfach – das Interesse fehlt. Uns fällt es einfacher, einem interessanten Sachverhalt zu folgen. Redet die Lehrperson von langweiligen Matheaufgaben und der Nachbar erzählt vom neuen Konsolenspiel, das erst seit kurzer Zeit auf dem Markt ist, wendet das Kind seine Konzentration lieber dem Gespräch zu. Dasselbe passiert in Ihrem Alltag, denn wahrscheinlich finden Sie eine Lästerei unter Arbeitskollegen auch spannender, als dem

Chef bei der Wochenplanung zuzuhören. Ob ein Sachverhalt interessant ist oder nicht, hängt von individuellen Faktoren ab. Daneben spielen die Emotionen eine große Rolle.

Kinder lernen besser, wenn sie den Lerninhalt mit Emotionen verbinden. Das trifft sowohl auf positive Emotionen wie Stolz oder Glück als auch auf negative Emotionen wie Trauer oder Wut zu. Obwohl es mit beiden Gefühlslagen funktioniert, haben positive Emotionen einen besseren Erfolg. Erklärt die Lehrperson beispielsweise den Ablauf des bevorstehenden Ausflugs ins Freibad, hören mehr Kinder zu, als wenn sie erläutert, was Substantive sind und wann ein Wort großgeschrieben wird. Das kommt daher, weil die meisten Kinder mit Freude dem Ausflug ins Freibad entgegenblicken und sich darauf freuen. Sollte sich ein Kind wegen Übergewichts schämen und bereits Angst vor dem Ausflug haben, folgt es aufgrund der negativen Emotionen genauso gut. Der Unterschied liegt darin, dass die Angst die Konzentration hemmt und sich das Kind bereits weitere Gedanken zum Ausflug macht. Dasselbe Prinzip lässt sich auf die Kindererziehung zu Hause beziehen. Ihr Kind wird Ihnen wahrscheinlich lieber beim Kochen helfen, als sein Zimmer aufzuräumen, denn mit ein wenig Musik und einer anschließend leckeren Belohnung hat Ihr Kind mehr Freude. [1]

Ein anderer Faktor, der die Konzentrationsfähigkeit beeinflusst, ist die Art des Reizes. Der Mensch kann sich besser auf große, bunte und bewegliche Reize fokussieren. Ein großer Fernseher oder die Leinwand im Kino zieht die Aufmerksamkeit von Erwachsenen und Kindern auf sich. Bereits Babys schauen wie hypnotisiert in den Fernseher, weil die Bilder faszinieren. Sind es zusätzlich Bilder, Videos oder Geschichten mit persönlichem Bezug, steigt das Interesse. Läuft in den Nachrichten beispielsweise ein Beitrag zu Überflutungen aus Ihrer letzten Urlaubsdestination, verfolgen Sie den Beitrag mit mehr Konzentration, als wenn die Katastrophe an einem unbekannten Ort passiert ist. Sobald Emotionen und große Reize im Spiel sind, fokussieren Sie und Ihr Kind sich besser. [1]

Wann fällt die Konzentration schwer?

Kein Erwachsener und kein Kind schafft es, an jedem Tag und zu jeder Uhrzeit dieselbe Konzentrationsfähigkeit abzurufen. Es gibt Tage, da will auch bei Ihnen nichts funktionieren und an anderen Tagen schaffen Sie die Aufgaben doppelt so schnell. Wie gut die Fokussierung klappt, hängt stark von der Tagesform und der Laune ab. Wer Hunger hat, müde ist, zu viel gegessen hat oder an starken Stimmungsschwankungen leidet, wird sich schlecht konzentrieren können. Wenn Sie schlecht geschlafen haben oder sich direkt nach dem Mittagessen gleich auf eine wichtige Aufgabe konzentrieren müssen, wird wahrscheinlich auch Ihre Konzentrationsfähigkeit eher gering sein. Ist kein Interesse vorhanden oder prasseln zu viele Reize auf einmal auf das Kind ein, fällt das Fokussieren schwerer. Dasselbe trifft zu, wenn die Aufgaben zu anspruchsvoll sind oder das Kind bereits zu lange am Stück an den Übungen sitzt. Oder gab es das bei Ihnen nicht auch schon, dass Sie ein Buch oder einen Zeitungsartikel nicht gelesen haben, weil es für Sie zu langweilig oder zu anspruchsvoll war? Während sich Erwachsene problemlos für bis zu 90 Minuten konzentrieren können, brauchen Kinder in einem Alter von zehn Jahren nach spätestens 20 Minuten eine Pause. Sobald die Konzentration schwindet, reagieren Kinder schneller auf Ablenkungen und richten ihre Aufmerksamkeit interessanteren Dingen zu. [1,2]

,,

„Konzentration ist die Kunst, dort zu sein,

wo man ist."

- Andreas Tenzer

,,

Welche Rolle spielt das Gehirn?

Das Gehirn ist die Konzentrationszentrale, denn es verarbeitet alle aufgenommenen Reize. Die Sinnesorgane wie Augen und Ohren leiten die Impulse weiter und das Gehirn selektiert, ordnet und priorisiert die Reize. Es entscheidet, ob es ein wichtiger oder unwichtiger Reiz ist. Dafür sind drei große Systeme verantwortlich, die sich in der Funktion leicht unterscheiden. Für Sie als Eltern ist es wichtig, die unterschiedlichen Systeme zu kennen, um Ihrem Kind effektiv zu helfen. Wenn Sie wissen, welches System bei Ihrem Kind Probleme macht oder eine Förderung braucht, können Sie an der richtigen Stelle ansetzen. Dabei ist es wichtig zu wissen, dass Sie nur bei einem System eine Verbesserung in Form von Übungen erreichen. Für die zwei anderen Systeme muss Ihr Kind mehr Selbstvertrauen, mehr Zuversicht und eine bessere Strukturierung haben. Das Positive ist, dass die Förderung des einen Systems automatisch eine Verbesserung der anderen Systeme mit sich bringt.

Das Alerting-Netzwerk

Das Alerting-Netzwerk ist das Ursystem, welches für eine ständige Alarmbereitschaft sorgt. Es rührt von früheren Zeiten her, als der Mensch noch ständig wach und konzentriert sein musste. Heute besteht keine Gefahr mehr, dass plötzlich ein wildes Tier neben uns steht oder hinter jeder Ecke eine Gefahr lauert. Dennoch ist das Alerting-Netzwerk weiterhin aktiv, nimmt Informationen auf und erkennt Warnsignale. Je nach Umstand reagiert es und setzt den Körper in Alarmbereitschaft. Interessant ist, dass das Alerting-Netzwerk große Schwächen hat, wenn Sie müde sind. Am frühen Morgen oder am späten Abend geschehen die meisten Verkehrsunfälle, weil das Alerting-Netzwerk zu langsam oder zu schwach reagiert. Normalerweise lenkt es ein sofortiges Bremsmanöver ein, sobald die roten Bremslichter des vorderen Fahrzeuges angehen. Ein anderes Beispiel für die ständige Aktivität des Alerting-Netzwerks zeigt sich bei Horrorfilmen. Stellen Sie sich vor, Sie sitzen gemütlich auf dem Sofa und schauen einen gruseligen Film. Der Hauptcharakter betritt ein dunkles Haus, die Musik wird leiser und der Kamerawechsel schneller. Sie wissen genau, dass bald etwas passiert und dennoch springen Sie ungewollt vom Sofa auf oder stoßen einen kleinen Schrei aus, sobald die Tür hinter dem Hauptcharakter schlagartig zuknallt. In diesem Moment war Ihr Alerting-Netzwerk deutlich schneller als Ihr Verstand, denn der plötzliche Reiz, der aufgrund der Anspannung eine gewisse Bedrohung darstellt, hat Sie zum Davonrennen animiert. [1]

Obwohl das Alerting-Netzwerk wie ein primitives System wirkt und die Bedeutung in der heutigen Zeit schwindet, schützt es den einzelnen Organismus. Wilde Tiere lauern keine mehr, doch täglich kommt es zu Situationen, die ein sofortiges Handeln des Gehirns erfordern. Zusätzlich wirkt das Alerting-Netzwerk auch auf andere Weise. Leidet ein Kind beispielsweise unter Ängsten oder psychischen Problemen, dient das System als Selbstschutz. Es ist in ständiger Alarmbereitschaft und reagiert, sobald problembehaftete Reize aufgenommen werden. Das kann beispielsweise sein, wenn ein Kind gemobbt wird. So konzentriert sich das Alerting-Netzwerk ständig auf die mobbenden Kinder oder Situationen, die zu Mobbing führen. Mädchen mit den ersten Periodenerfahrungen sind in Alarmbereitschaft und überlegen sich ständig, ob alles in Ordnung ist und nichts auffällt. Kinder mit Sprachproblemen versuchen Wörter oder Aufgaben zu meiden, die die Sprachprobleme zum Vorschein bringen. In solchen Situationen ist das Alerting-Netzwerk in ständiger Bereitschaft, was zugleich die Fokussierung auf andere und wichtige Reize beeinträchtigt. [1]

Das Orientierungsnetzwerk

Während das Alerting-Netzwerk die alarmierenden Reize beachtet, ist das Orientierungsnetzwerk für alle Reize zuständig. Es ist das offizielle Informationszentrum und nimmt alle Reize auf, um sie zu sortieren und zu klassifizieren. Es findet heraus, woher der Reiz kommt, was das für ein Reiz ist und schätzt die Wichtigkeit des Reizes ein. Was sich nach einem langen Prozess anhört, geschieht im Gehirn jeden Moment und in wenigen Sekundenbruchteilen. Das Orientierungsnetzwerk verbindet neue Reize mit Erfahrungen und bewertet sie. Es entscheidet darüber, wohin sich der Fokus verschiebt. Versuchen Sie doch einmal, alle Reize in Ihrer Umgebung aktiv wahrzunehmen, dann merken Sie, wie viel Zeit Sie jedes Mal dafür brauchen würden. Was sehen Sie gerade? Was hören Sie? Können Sie einen Geruch wahrnehmen oder spüren Sie etwas auf Ihrer Haut? Müssten Sie oder Ihr Kind täglich alle Reize bewusst wahrnehmen, kämen Sie zu nichts anderem mehr. Das Orientierungsnetzwerk übernimmt die Aufgabe in einer deutlich geringeren Zeit, was zugleich dazu führt, dass Sie einige Reize gar nicht aktiv wahrnehmen. [1]

Wie das Alerting-Netzwerk ist das Orientierungsnetzwerk stark von Erfahrungen geprägt. Hat ein Kind bei der letzten Deutschprüfung eine schlechte Note erhalten, kann eine erneute Prüfung zu einer verminderten Konzentrationsfähigkeit führen. Anstelle sich auf den Prüfungsinhalt zu konzentrieren, kommen Reize in Form von alten Erinnerungen auf. Zugleich orientiert sich das Netzwerk an den Interessen, sodass es beispielsweise streitende Freunde als interessanter einstuft als das zu lösende Rechenblatt. Ein neuer und attraktiver Reiz wie ein plötzlicher Knall im Freien kann dazu führen, dass das Orientierungsnetzwerk alle anderen Reize als unwichtig einstuft und die Kinder im Klassenzimmer augenblicklich zum Fenster rennen, um hinauszuschauen. [1]

Wenn Sie sich also umblicken und einen Reiz aktiver wahrnehmen, hat das mit Ihren Interessen, Vorlieben und Erfahrungen zu tun. Stellen Sie sich vor, Sie sitzen in einem Zug oder in einem Bus. Sie sehen viele Menschen um sich herum, draußen ziehen Landschaften vorbei und die Sitze sowie die Kabinen sind auf eine spezielle Art designt. Ob Sie sich nun den Menschen zuwenden oder lieber die Landschaft oder den Boden betrachten, hängt von Ihrem Orientierungsnetzwerk ab. Sind Sie Single oder arbeiten Sie in einem sozialen Beruf, werden Sie sich aufgrund der Erfahrung und des Interesses wahrscheinlich eher den Menschen zuwenden. Die verschiedenen Reize wie die Gerüche, die Kleider oder das visuelle Aussehen werden Ihre Aufmerksamkeit auf sich ziehen. Ein Architekt, ein Innendekorateur oder ein Lokführer wird sich wahrscheinlich eher der Bauweise des Zuges oder dem Design annehmen. Kleine Kinder oder Künstler schauen dagegen aus dem Fenster, weil ihnen das Erleben der Geschwindigkeit, die bunten Farben und die eindrücklichen Landschaften besser gefallen. Unser Orientierungsnetzwerk priorisiert und lenkt unsere Aufmerksamkeit auf einige Reize, anstatt die komplette Umwelt als solche wahrzunehmen, denn das würde uns komplett überfordern.

Die exekutive Kontrolle

Die exekutive Kontrolle ist das letzte System, das Einfluss auf die Konzentration hat. Zugleich ist es das einzige Netzwerk, dass Sie oder Ihr Kind aktiv steuern können. Es vermittelt und setzt Prioritäten. Während Sie bei einem lauten Knall bei der Arbeit bleiben und sich bewusst auf die Aufgabe konzentrieren, fällt Ihrem Kind die bewusste Kontrolle noch schwer und es lässt sich eher von einem neuen Reiz beeinflussen. Die exekutive Kontrolle ist eine Art Instanz, die uns daran erinnert, worauf wir unsere Konzentration lenken sollten. Zusätzlich ist sie für das Kurzzeitgedächtnis, das Planen, das flexible Denken oder das Handeln verantwortlich. Es ist das einzige Netzwerk, das sich aktiv ausbilden und verbessern lässt. Kinder können lernen, ihre Konzentration zu steuern und ihre Aufmerksamkeit zu fokussieren. Wenn Sie in dem Zug- oder Busbeispiel von vorher beispielsweise ein Referat vor sich haben, dass Sie vorbereiten sollten, werden Sie Ihren Fokus immer wieder auf das Referat lenken. Obwohl Ihr Orientierungsnetzwerk spannende Reize wahrnimmt und Sie zwischendurch vielleicht ablenkt, sorgt die exekutive Kontrolle dafür, dass der Fokus immer wieder zurück auf das Referat fällt. Ist Ihre exekutive Kontrolle sehr gut ausgebildet, werden Sie das komplette Geschehen um Sie herum total ausschalten. [1]

Kinder mit einer wenig ausgebildeten exekutiven Kontrolle sind häufig Tagträumer. Anstatt sich auf die Aufgabe zu konzentrieren, schweifen sie ab und träumen vom Wochenendausflug oder vom Spielen. Den Kindern fällt es schwer „zurückzukommen" und ihre Konzentration wieder auf die Aufgabe zu lenken. Kinder mit schlechtem Orientierungsnetzwerk haben Schwierigkeiten, Prioritäten zu setzen. Sie sind schnell überfordert, wenn sie mehrere Dinge gleichzeitig erledigen sollen. Das kommt daher, weil sie nicht wissen, was wichtig ist und was sie ausblenden müssen. Zusätzlich gibt es Kinder mit einer erhöhten Vigilanz, die stets in Alarmbereitschaft sind und nichts verpassen wollen. Ihnen fällt es schwer, sich auf wichtige Reize zu konzentrieren, weil sie alle Reize intensiv wahrnehmen. Dasselbe kann bei Erwachsenen passieren. Stellen Sie sich vor, Sie waren bereits einmal in ein Zugunglück involviert. Obwohl Sie sich im Zug auf das Referat konzentrieren sollten, achtet das Alerting-Netzwerk ständig auf komische Geräusche, auf lose Teile oder andere bedrohliche Situationen. Ihre Aufmerksamkeit ist geschwächt, weil Sie Angst haben und auf der Hut sind. [1]

Was sind Konzentrationsprobleme?

Kaum ist ein Kind etwas aktiver und steht alle paar Minuten auf, sprechen die Eltern oder Lehrpersonen von Konzentrationsproblemen. Viele vergessen, dass kein Kind mit einer ausgebildeten Konzentrationsfähigkeit geboren wird. Es gibt Kinder, denen das Konzentrieren leichter fällt. Dennoch muss jedes Kind eine gute Konzentrationsfähigkeit aufbauen und laufend verbessern. Selbst Ihnen ist es nicht von Beginn an gelungen, sich auf langweilige oder schwierige Aufgaben zu konzentrieren. Eventuell fiel es Ihnen in der Schule genauso schwer wie Ihrem Kind, sich auf die Hausaufgaben zu konzentrieren. Doch was sind Konzentrationsprobleme und wie äußern sie sich wirklich?

Probleme bei bewusster Steuerung der Konzentration

Konzentrationsprobleme treten auf, wenn Kinder Schwierigkeiten haben, die Reize zu priorisieren. Sie reagieren stärker auf Veränderungen und können Unwichtiges nicht ausblenden. Das gekonnte Selektionieren von Reizen ist ein langer Prozess und es braucht Erfahrung, um einzuschätzen, welche Reize wichtig sind. Sich auf eine Aufgabe oder ein Gespräch zu konzentrieren, ist schwierig, denn meist sehen, hören, riechen oder fühlen wir zugleich andere Dinge. Kann das Kind seine Konzentration nicht aktiv auf das wichtige Gespräch oder die Aufgabe lenken, sprechen Experten von Konzentrationsproblemen. [1]

Wichtig für Sie zu wissen ist, dass jedes Kind bis zu einem gewissen Grad Konzentrationsprobleme hat, weil die Fähigkeit noch nicht vollständig ausgebildet ist. Kinder in der ersten Klasse können sich für maximal zehn Minuten am Stück konzentrieren, danach brauchen sie eine Pause. Sie sollten berücksichtigen, dass die Konzentrationsdauer nicht in jeder Situation gleich lang ist. So kann es sein, dass ein Kind große Schwierigkeiten beim Frontalunterricht hat, doch einem spannenden Hörbuch über 30 Minuten lauschen kann. Deshalb kommen Konzentrationsprobleme oft nur in gewissen Situationen oder bei spezifischen Übungen zum Vorschein. Dasselbe trifft auch bei Ihnen im Alltag zu. So kann es gut sein, dass Sie mit einem guten Freund über eine Stunde telefonieren können und aktiv zuhören, während Sie bei einem Telefon mit dem Chef nach wenigen Minuten abschweifen. [1, 2]

Wie äußern sich Konzentrationsprobleme?

Kein Kind ist gleich und so unterschiedlich wie Kinder sind, so verschieden äußern sich die Konzentrationsprobleme. Einige Kinder neigen dazu, viel zu vergessen oder zerstreut zu wirken. Das kommt daher, weil sie die für Lehrpersonen oder Eltern als wichtig empfundenen Reize nicht aufnehmen. Andere Kinder reagieren mit Tagträumen und schauen lieber aus dem Fenster, anstatt dem Gespräch zu folgen. Motivationsschwierigkeiten oder unsorgfältiges Arbeiten sind weitere Auswirkungen von Konzentrationsproblemen. Einige Kinder reagieren mit Wut, so zerreißen sie das Blatt mit den Rechenaufgaben oder brechen den Bleistift in zwei Teile, wenn sie sich nicht wie gewünscht fokussieren können. Konzentrationsprobleme können sich in einer geringen Frustrationstoleranz äußern, denn die Kinder ärgern sich über sich selbst. Eventuell ist Ihnen bereits aufgefallen, dass Ihr Kind gerne aus dem Fenster schaut, wenn es Hausaufgaben erledigen muss. Oder Sie bemerken, dass Ihr Kind bei jedem Rechenblatt wütend wird und Sie nur bei solchen Aufgaben anschreit. Sollte Ihr Kind ständig vergessen, das Zimmer aufzuräumen oder eine längere Zeit zum Tisch decken brauchen, kann das ebenso an Konzentrationsproblemen liegen. [3]

Konzentrationsprobleme kommen auf unterschiedliche Weise zum Vorschein. Sollten Sie den Verdacht haben, dass Ihr Kind Schwierigkeiten beim Fokussieren hat, sollten Sie zwei Aspekte beachten. Die genannten Verhaltensweisen sind nicht immer auf Konzentrationsprobleme zurückzuführen. Manchmal wirken Kinder zerstreut oder vergesslich, weil sie Ängste haben oder sie etwas beschäftigt. Psychische und physische Probleme führen zu ähnlichen Symptomen und schränken den Fokussierungsprozess ein. Zweitens sollten Sie sich bewusst sein, dass Ihr Kinder nicht absichtlich unaufmerksam, frustriert oder am Träumen ist. Die Kinder können nichts für den Zustand und sind sich oft nicht im Klaren darüber, dass sie Probleme beim Fokussieren haben. Reagiert ein Kind mit Wut oder Frust, ist das oft eine an sich gerichtete Aggression, weil ihnen das Konzentrationsproblem im Weg steht. [3]

99

„Der beste Nährboden für Konzentrationsprobleme sind innere Leere und innere Fülle."

- Andreas Tenzer

Wie entstehen Konzentrationsprobleme?

Genauso unterschiedlich wie sich Konzentrationsprobleme äußern, so verschieden sind die Ursachen dafür. Zumeist spielen mehrere Faktoren zusammen, sodass eine kleine Schwierigkeit zu einem größeren Problem wird. Oftmals tragen Eltern und Verwandte zum Problem bei, indem sie die Kinder überfordern oder in Konzentrationsphasen hineinplatzen. Wenn Sie an den Konzentrationsfähigkeiten Ihres Kindes arbeiten möchten, sollte Sie zuerst die Gründe herausfinden. Einige mögliche Ursachen für Konzentrationsprobleme sind:

Emotional belastende Situationen

Sie als Erwachsener wissen, wie stark emotional belastende Situationen den Alltag beeinflussen. Existenzängste, Geldprobleme oder der Tod eines geliebten Menschen führen auch bei Ihnen dazu, dass Sie sich nicht mehr konzentrieren können und Ihre Aufmerksamkeit auf andere Ereignisse gelenkt ist. Dasselbe passiert bei Kindern, denn emotional belastende Situationen, Erlebnisse oder Ereignisse schränken die Konzentrationsfähigkeiten ein. Kinder reagieren noch sensibler auf einschneidende Erlebnisse, nur fällt es Ihnen weniger auf, weil sich Kinder genauso schnell wieder ablenken und lachen können. Typische Situationen, die die Kinder belasten, sind Mobbing, die Trennung der Eltern oder der Tod eines Verwandten. Haben Sie neuen Nachwuchs in der Familie, sind Sie umgezogen oder ist Ihr Kind das erste Mal verliebt, könnten das weitere Gründe für Konzentrationsprobleme sein. [4]

Ungesunde Ernährung

Ein oft unterschätzter Faktor ist die Ernährung. Eine Mangelernährung oder eine falsche Ernährungsweise tragen dazu bei, dass das Gehirn nicht richtig arbeitet. Fettige Lebensmittel wie Pommes oder Würstchen sowie Süßigkeiten schränken die Konzentrationsfähigkeiten ein, weil der Magen zu sehr mit der Verarbeitung beschäftigt ist. Die Energie wird zur Verdauung genutzt, sodass sie dem Gehirn zum Konzentrieren fehlt. Das Gehirn braucht Zucker und Sauerstoff. Der Zucker in Haushaltszucker oder Süßigkeiten ist zu komplex, denn es sollte Einfachzucker (Glucose) sein. Gute und hilfreiche Lebensmittel sind Nüsse, Obst und Gemüse, die den notwendigen Einfachzucker liefern. Auch Sie werden wahrscheinlich feststellen, dass Sie nach einer großen Pizza eher müde und unkonzentriert sind. Deshalb ist eine gesunde und abwechslungsreiche Ernährung für Kinder und Erwachsene von großer Bedeutung. [2, 4]

Bewegungsmangel

Viele Erwachsene treiben vor dem Arbeitsbeginn Sport. Eventuell gehören Sie selbst zu den aktiven Menschen, die vor dem Frühstück eine Runde joggen gehen. Beim Sport wird der Stoffwechsel angeregt, sodass der Körper das Fett und die Kohlenhydrate in Einfachzucker umwandelt. Zugleich hat die Bewegung den positiven Effekt, dass das Gehirn für einen Moment auf Sparflamme schaltet. Beim Sport kann sich das Gehirn entspannen und aufladen. Kinder, die sich viel bewegen und eine Sportart ausüben, können sich oft besser konzentrieren. Es gibt Kinder, die bei den Hausaufgaben oder im Unterricht regelmäßig aufstehen. Je nach Situation möchten sie Wasser trinken, etwas nachschauen oder auf die Toilette gehen. Die Ausreden sind vielseitig, doch der Grund ist beeindruckend einfach – das Gehirn gibt die Aufforderung zur Bewegung, um neue Kraft zu tanken. Wenn Ihr Kind also während der Hausaufgaben aufsteht oder beim Spielen plötzlich aus dem Fenster schaut, ist das nichts Negatives, sondern ein Warnzeichen für Sie. In dem Moment braucht das Gehirn eine Pause, die Sie aktiv nutzen sollten, damit das Kind sich anschließend wieder besser konzentrieren kann. [2, 4]

Schlafmangel

Einige Eltern werden nervös, wenn die Kinder ins Bett sollten. In vielen Haushalten kommt es jeden Abend zu langen Diskussionen, Geschrei und Geweine, weil die Kinder nicht ins Bett möchten. Vielleicht kennen Sie das selbst, denn sobald Sie Ihr Kind zum Zähneputzen auffordern, beginnt der tägliche Machtkampf. Der Schlaf ist speziell für Kinder von großer Bedeutung, denn wie eine gesunde Ernährung oder ausreichend Sport sorgt er für eine Regeneration des Gehirns. Zugleich verarbeiten die Kinder im Schlaf den kompletten Tag, sodass beispielsweise in der Schule gelernte Inhalte im Schlaf ins Langzeitgedächtnis übergehen. Deshalb ist ein langer und erholsamer Schlaf wichtig und Eltern sollten darauf bestehen, dass ihr Kind genug Schlaf bekommt. Doch was heißt genug Schlaf? Je nach Quelle und Fachperson unterscheiden sich die Angaben leicht. In einem Alter von 6 bis 13 Jahren sollten die Kinder zwischen neun und elf Stunden schlafen. Muss das Kind um 7 Uhr aufstehen, sollte es spätestens um 22 Uhr schlafen. Ab 14 Jahren reichen sieben bis neun Stunden aus. Lassen Sie sich also nicht verunsichern, wenn Ihr Kind sagt, dass es nicht müde ist oder noch nicht schlafen will. Seien Sie konsequent, denn gerade in Bezug auf Schlaf unterschätzen viele Kinder die Auswirkungen. Sie werden es dagegen am nächsten Tag spüren, denn bei zu wenig Schlaf wird Ihr Kind am nächsten Tag weinerlich, zornig, müde und unkonzentriert sein. [2, 4]

Desinteresse

Einen großen Einfluss auf die Konzentrationsfähigkeit hat das Interesse. Sind Kinder desinteressiert, lassen sie sich schneller ablenken und haben Mühe, sich zu fokussieren. Sie kennen das bestimmt, dass Sie manchmal kein Interesse haben und kaum Konzentration für eine Aufgabe aufwenden können. Doch Sie haben oft den Luxus, selber über den Lerninhalt zu entscheiden. Kinder werden in der Schule oder im Alltag dagegen häufig gezwungen, etwas zu lernen. Doch sobald ein Zwang und kein eigenständiges Interesse dahinter ist, braucht das Kind viel länger. Interessen können sich im Laufe der Entwicklung verändern. Während Kinder noch mit Freude neue Informationen über Tiere sammeln und gerne Dokumentationen schauen, haben pubertierende Jugendliche meist andere Sachen im Kopf. [2, 4]

Überforderung

Das Schulsystem verlangt viel von den Kindern ab und bereits die Kleinsten werden mit Informationen überflutet. Von ihnen wird verlangt, dass sie sechs bis acht Stunden pro Tag zuhören und alles Wissen wie ein Schwamm aufsaugen. Zwar lernen Kinder schneller, doch die meisten sind bereits im Kindergarten überfordert. In der Schule kommen mehrere Prüfungen pro

Woche auf sie zu oder sie müssen eine Sprache lernen, bevor sie Deutsch können. Vielleicht ist das Ihnen auch schon aufgefallen, dass Ihr Kind ein Thema nach dem anderen behandelt und kaum hinterherkommt. Spätestens in dem Zeitpunkt, wo Sie Ihrem Kind aufgrund der zu anspruchsvollen Aufgaben nicht mehr helfen können, realisieren Sie den schnellen Fortschritt. Zur Überforderung in der Schule kommt oft der Druck der Eltern dazu, denn Sie möchten einen guten Schüler oder eine gute Schülerin. Auch wenn Sie keine bösen Absichten hegen und Ihr Kind pushen möchten, damit es später in der Gesellschaft einen guten Platz erlangt, ist der Druck das falsche Mittel dazu. Es ist nicht verwunderlich, dass sich viele Kinder überfordert fühlen und schnell mit Ängsten reagieren. Sobald das Kind den Überblick verliert, schwindet die Konzentrationsfähigkeit. [4]

Unterforderung

Es gibt Kinder, die unterfordert sind und deshalb Schwierigkeiten beim Konzentrieren haben. Die Gründe sind unterschiedlich, so kennen die Kinder eventuell bereits den zu lernenden Inhalt. Kann Ihr Kind beispielsweise beim Schuleintritt bereits lesen, wird es beim Buchstabenlernen in der ersten Klasse vielleicht Probleme beim Fokussieren haben. Die „Das-kann-ich-schon-Haltung" steht den Kindern im Weg, sodass sie Aspekte ausblenden, die sie noch nicht kannten. Die Langeweile, die Überheblichkeit und die fehlende Motivation führen dazu, dass die Kinder in vielen anderen Bereichen schwächeln und allgemeine Konzentrationsprobleme entwickeln. Es kann gut sein, dass Sie von Ihrem Kind auch schon die Aussage gehört haben: „Aber das kann ich schon, weshalb muss ich das trotzdem machen?" Dann ist es wichtig, dass Sie dem Kind klarmachen, dass es mit genug Übung nur noch besser werden kann und es keine verschwendete Zeit ist. [4]

Wahrnehmungsstörungen

Manchmal sind die Ursachen von Konzentrationsproblemen nicht psychischer Natur. Ein verminderter Gehör- oder Sehsinn führen dazu, dass das Kind die Informationen nicht aufnehmen kann. Wie soll ein Kind das an der Wandtafel Geschriebene notieren, wenn es die Buchstaben nicht lesen kann? Oder hört Ihr Kind oft nicht richtig zu, kann es an einem schlechten Gehör liegen. Solche Probleme sind für Außenstehende schwer einzuschätzen und oft bemerken es weder die Eltern noch die Lehrperson. Es gibt Kinder, die das selber nicht realisieren und das Gefühl haben, dass es so sein muss. Denn wie wissen wir, dass etwas schlecht funktioniert, wenn wir es nie gut funktionierend erfahren haben? Andere Kinder sagen nichts, weil sie sich schämen und keine Brille tragen wollen. Deshalb ist es wichtig, sofort Abklärungen vorzunehmen, sollte sich bei Ihnen der Verdacht einstellen, dass Ihr Kind eine verminderte Seh- oder Gehörleistung hat. Besser Sie klären diesen Faktor einmal zu oft ab, als dass Ihr Kind jahrelang den Schulstoff verpasst. [4]

ADS oder ADHS

ADS oder ADHS sind zwei Begriffe, die vielen Eltern Angst machen. Keine Mutter und kein Vater hört es gerne, wenn ihr Kind ein Aufmerksamkeitsdefizit-Syndrom oder ein Defizit mit Hyperaktivitätsstörung hat. Eventuell hat die Lehrperson Ihres Kindes auch schon die zwei Begriffe ausgesprochen und Sie haben vor lauter Scham oder Wut darauf geantwortet, dass Ihr

Kind bestimmt kein ADS oder ADHS hat. Kinder mit ADS haben große Probleme, die vielen Reize zu selektionieren und Ablenkungen auszublenden. Ist zusätzlich eine Hyperaktivitätsstörung vorhanden, brauchen die Kinder ständig Bewegung. Solche Störungen müssen Sie ernst nehmen und Sie sollten sie nicht als Nachteil sehen, sondern als Chance. Besteht der Verdacht, werden die Kinder zuerst abgeklärt. Zumeist sind es die Lehrpersonen, die den Verdacht äußern und die Eltern darauf aufmerksam machen. Bestätigt sich der Verdacht, sollten Sie die Vorteile sehen und nicht denken, dass Ihr Kind bescheuert ist. Kinder mit diagnostiziertem ADS oder ADHS bekommen oft die Hilfe, die sie dringend benötigen. Zusätzliche Förderprogramme, eine Befreiung von Lernzielen oder eine angepasste Notenvergabe sind nützliche Folgen, die den Kindern helfen und sie unterstützen. Statt das Problem zu verleugnen, lernen sie, mit dem Defizit zu leben und auf ihre Weise damit umzugehen. Aufgrund der Hilfeleistung von Lehrpersonen und Fachpersonen wird das Kind den Schulalltag besser meistern und das Umfeld wird sich ihm anpassen. [1, 4]

Welche Auswirkungen haben Konzentrationsprobleme?

Die Auswirkungen von Konzentrationsproblemen prägen das Leben von Kindern und Erwachsenen. Wer die Schwierigkeiten nicht im Kindesalter anpackt, leidet im Erwachsenenalter weiter darunter. Es kann gut sein, dass Sie selbst noch heute Probleme haben, sich zu konzentrieren. Vielleicht schweifen Sie selber zu oft ab und spüren die negativen Folgen der Konzentrationsschwäche jeden Tag. Sie brauchen im Beruf länger für dieselben Aufgaben wie andere, Sie erhalten keinen Job, weil die Arbeitgeber bereits bei der Bewerbung oder später beim Gespräch die schlechte Fokussierung bemerken oder Sie sind täglich zerstreut. Sie vergessen Lebensmittel einzukaufen, verlegen ständig die Schlüssel oder Sie müssen mehrmals überprüfen, ob Sie die Haustür abgeschlossen haben. Schlussendlich ist es ein Teufelskreis, denn eine gute Konzentrationsfähigkeit ist für den Menschen von großer Bedeutung.

Tagträumereien & Verpassen von Wichtigem

Zu Beginn äußern sich Konzentrationsprobleme in Tagträumereien und verpassten Inhalten. Kinder nehmen viel nicht wahr, hören nicht zu und fokussieren sich auf interessantere Inhalte. In der Schulzeit hat das Auswirkungen auf die Noten, sodass Kinder mit Konzentrationsproblemen meist schlechtere Noten haben. Sie verpassen den Schulstoff und können sich bei Prüfungen nicht konzentrieren. Zu Hause zeigen sich die Konzentrationsprobleme, indem Sie dieselben Aufgaben mehrmals vergeben oder Sie Ihr Kind an Routinesachen wie das Zähneputzen erinnern müssen. Vielleicht kommt Ihr Kind beim Essen nicht vorwärts, trödelt beim Anziehen oder braucht eine Ewigkeit für die Hausaufgaben.

Persönlichkeit leidet

Die schlechten Noten, die Zerstreutheit und die Vergesslichkeit führen dazu, dass Kinder mit Konzentrationsproblemen immer wieder in den Fokus von Eltern sowie Lehrpersonen rücken. Sätze wie: „Jetzt hast du wieder nicht zugehört!" oder „Du hast die Hausaufgaben schon wieder vergessen!", fördern die „Ich-kann-nichts-Einstellung" und dass sich die Kinder als schwarze Schafe betrachten. Zu Hause kommen weitere Vorwürfe der Eltern auf sie zu. Kinder mit Konzentrationsproblemen sind daher einem ständigen Druck ausgesetzt und hören von jeder Seite, was sie wieder nicht können oder was sie wieder vergessen haben. Darunter leiden das Selbstvertrauen und das Selbstwertgefühl. Mit der Zeit verinnerlichen die Kinder, dass sie nichts können und trotz Anstrengung nichts erreichen. [5]

Psychische Belastungen & Ängste

Eine solch erlernte Einstellung führt früher oder später zu Ängsten, Depressionen und Minderwertigkeitskomplexen. Die Kinder entwickeln eine Angst vor der Schule, vor Prüfungen oder vor Lehrpersonen. Mit jeder schlechten Note oder erneut vergessenen Hausaufgabe befürchten die Kinder einen Streit mit den Eltern. Obwohl Sie als Mutter oder Vater nur das Beste wollen, setzen Sie Ihr Kind unter Druck, was meist das Gegenteil von guten Noten bewirkt. Oft bekommen andere Kinder die Schwierigkeiten mit, sodass sie in Form von Mobbing weiter auf die Wunde drücken. Nicht selten sind komplette Lernblockaden

die Folge, sodass überhaupt nichts mehr gelingt. Psychosomatische Erscheinungen wie Erbrechen und Bauchschmerzen oder depressive Verstimmungen sind weitere ernst zu nehmende Anzeichen einer kompletten Hilflosigkeit. [5]

99

„Wer nicht mehr weiß, wo ihm der Kopf steht,
könnte ihn bereits verloren haben."
- Rupert Schützbach

99

Das Wichtigste aus dem Kapitel

- Konzentration ist eine Reizselektion, bei der Sie Ihre gesamte Aufmerksamkeit auf einen Reiz in Form eines Inhaltes, einer Aufgabe oder einer Sache lenken.

- Erwachsene haben gelernt, die vielen visuellen (sehen), auditiven (hören), olfaktorischen (riechen), gustatorischen (schmecken) und haptischen (fühlen) Reize zu priorisieren.

- Kinder müssen das Selektieren der Reize erst noch lernen und ihre Konzentrationsphase laufend verlängern.

- Ob ein Reiz interessant ist, hängt von Faktoren wie dem Interesse, der damit verbundenen Emotion und der Art des Reizes ab. Einem spannenden, freudigen oder im Fernsehen gezeigten Gespräch folgen wir besser, als dem langweiligen Frontalunterricht der Lehrperson.

- Die Fokussierung gelingt uns nicht an jedem Tag gleich gut. Die Tagesform, die Laune, Hunger, die Müdigkeit, eine Über-sättigung oder Stimmungsschwankungen haben einen großen Einfluss auf unsere Konzentrationsfähigkeit.

- Das Gehirn ist die Konzentrationszentrale und verarbeitet alle Informationen, die wir in Form von Reizen aufnehmen. An der Verarbeitung der Informationen sind drei Systeme beteiligt, die Sie kennen sollten:

  o Das Alerting-Netzwerk ist das Ursystem, das in ständiger Alarmbereitschaft ist. Es nimmt gefährliche oder bedrohliche Reize wahr, um unser Gehirn so schnell wie möglich zum Handeln zu bewegen.

o Das Orientierungsnetzwerk ist das Informationszentrum, das alle Reize wahrnimmt und selektiert. Es bestimmt, woher der Reiz kommt und wie wichtig ein Reiz ist.

o Die exekutive Kontrolle ist das einzige System, auf das wir einen Einfluss haben und an dem wir aktiv arbeiten können. Es ist sozusagen die Instanz, die uns an das Fokussieren auf einen gewissen Inhalt oder eine Aufgabe erinnert.

- Konzentrationsprobleme treten auf, wenn das Gehirn Mühe hat, die verschiedenen Reize zu priorisieren. Je nach Problem ist ein unterschiedliches System betroffen, so schreitet bei gemobbten Kindern das Alerting-Netzwerk zu stark ein. Schlechte Erfahrungen oder ein Desinteresse am Inhalt haben Auswirkungen auf das Orientierungsnetzwerk. Kinder mit ADHS oder ADS sowie kleine Kinder haben Schwierigkeiten in Bezug auf die exekutive Kontrolle.

- Konzentrationsprobleme äußern sich auf unterschiedliche Weise, zumeist sind die Kinder zerstreut, vergesslich, Tagträumer oder haben eine geringe Frustrationstoleranz. Doch nicht immer deuten diese Symptome auf eine Konzentrationsschwäche hin, denn dasselbe trifft auf physische und psychische Probleme wie Ängste hin.

- Die Gründe für Konzentrationsprobleme sind genauso verschieden wie die Äußerung dieser. Einige mögliche Gründe für Schwierigkeiten beim Fokussieren sind:

    o emotional belastende Situationen,

    o ungesunde Ernährung,

    o Bewegungsmangel,

    o Schlafmangel,

    o Desinteresse,

o Überforderung,

o Unterforderung,

o Wahrnehmungsstörungen sowie

o ADS oder ADHS.

- Konzentrationsprobleme haben Auswirkungen auf alle Situationen im Alltag. Sie führen dazu, dass Kinder im Unterricht oder zu Hause oft träumen und dadurch viel verpassen. Darunter leidet die Persönlichkeit, weil sie immer als schwarze Schafe gelten und von allen Seiten unter Druck gesetzt werden. Daraus können Ängste, Depressionen und Selbstzweifel entstehen, denn die Situation wirkt sich belastend aus. Die Folgen sind komplette Lernblockaden, psychische Probleme oder psychosomatische Erscheinungen.

KAPITEL 2

Konzentration
ist erlernbar!

D ie Ausbildung der Konzentrationsfähigkeit ist nie abgeschlossen. Im Baby- und Kleinkindalter beginnt sich die
Fähigkeit zu entwickeln und die Reifung dauert bis ins Erwachsenenalter an. Auch Sie verlängern mit jeder fokussierten Arbeit
Ihre Konzentrationsdauer. Konzentration ist erlernbar, denn
speziell die exekutive Kontrolle, also das bewusste Filtern von
unwichtigen oder wichtigen Reizen, lässt sich trainieren.

Was nützt eine Steigerung der Konzentration?

Die meisten Erwachsenen können sich vorstellen, was eine
bessere Konzentrationsfähigkeit bringt. Doch speziell bei
uninteressierten oder unmotivierten Kindern ist es wichtig, dass

Sie die Vorteile einer besseren Konzentrationsfähigkeit aufzeigen. Die Kinder müssen den Nutzen hinter den Übungen verstehen, um überhaupt die notwendige Motivation aufzubringen. Dasselbe trifft auf Sie zu, denn wenn Sie nicht verstehen, wieso Sie etwas tun sollen, fehlt Ihnen die Motivation. Haben Sie dagegen einen Nutzen oder eine Funktionalität im Kopf, gelingt Ihnen die Aufgabe einfacher und schneller. Ein Beispiel dazu ist die Autoprüfung, die jeder für eine sichere Fahrweise ablegen muss. Erwachsene gehen meist mit viel Motivation an die Prüfung, weil sie den Sinn dahinter verstehen und wissen, dass sie für eine hohe Sicherheit im Straßenverkehr die Regeln und Schilder kennen müssen.

Positive Auswirkungen auf Schulzeit

Wer seine Konzentrationsfähigkeiten verbessert, kommt angenehmer durch den Schulalltag. Ihr Kind kann die Aufträge der Lehrperson müheloser erfüllen und dem Unterricht aufmerksamer folgen. Es ist konzentrierter bei der Sache, sodass ihm das Verständnis von komplexen Inhalten einfacher gelingt. Das hat zur Folge, dass die Kinder ihre Aufgaben schneller machen. Ganze Rechenblätter, Hausaufgaben oder Prüfungen sind in kurzer Zeit und mit deutlich besserem Ergebnis erledigt. Das führt gemeinsam mit der höheren Konzentrationsfähigkeit automatisch zu besseren Noten.

Positive Auswirkungen auf Familienalltag

Schneller erledigte Hausaufgaben, bessere Noten und eine erhöhte Konzentration tragen zu einem harmonischen Familienleben bei. Streitereien um noch nicht erledigte Hausaufgaben lassen sich vermeiden und die guten Noten machen die Eltern zufriedener. Oder sind Sie nicht beruhigter und zufriedener, wenn Ihr Kind weniger Mühe mit den Hausaufgaben und die Aufgaben nach kurzer Zeit erledigt hat? Die Kinder müssen nicht mit Angst nach Hause kommen, weil sie den Eltern wieder eine schlechte Nachricht vorzeigen müssen. Zugleich wirkt sich die höhere Konzentration auf den Alltag zu Hause aus, denn Ihr Kind hört Ihnen besser zu und erledigt die von Ihnen gegebenen Aufträge ohne ständige Mahnungen.

Positive Auswirkungen auf die eigene Person

Die höhere Zufriedenheit in der Schule und das harmonische Zusammenleben in der Familie haben den positiven Effekt, dass Ihr Kind mit sich selber im Einklang ist. Kinder achten stärker darauf, welche Meinung die Erwachsenen von ihnen haben. Speziell die Meinung und Aufmerksamkeit der Eltern hat eine große Bedeutung. Hören sie den ganzen Tag, was sie alles gut gemacht haben und wie toll sie sich konzentrieren können, erhöht sich automatisch das Selbstwertgefühl. Die Motivation, das Interesse und der Glaube an sich selbst steigen. Weil Ihr Kind die Aufgaben schneller erledigt, bleibt ihm mehr Freizeit, was sich wiederum positiv auf den Charakter auswirkt. Zugleich bekommt es wertvolle Fähigkeiten und Charakterzüge mit auf den Weg, die ihm das gesamte Leben über nützen.

Welche äußeren Einflüsse fördern die Konzentration?

Wer seine Konzentrationsfähigkeiten verbessern möchte, muss an zwei Orten ansetzen. In erster Linie ist es wichtig, die äußeren Einflüsse zu berücksichtigen und auf ein lerngerechtes Umfeld zu achten. Im zweiten Schritt spielen die persönlichen Faktoren eine große Rolle. Berücksichtigen Sie die inneren und äußeren Einflüsse beim Konzentrationstraining, stellt sich der Erfolg früher ein. Sie als Eltern müssen einen aktiven Part einnehmen und Ihr Kind bei den Schritten unterstützen. Doch wie können Sie und Ihr Kind gemeinsam die äußeren Einflüsse verändern?

Gut eingerichteter Arbeitsplatz

Viele Eltern unterschätzen den Wert eines gut eingerichteten Arbeitsplatzes. Es gibt Kinder, die ihre Hausaufgaben und Prüfungsvorbereitungen auf dem Boden erledigen müssen oder vor dem Fernseher machen dürfen. Zwar macht das vielen Kindern großen Spaß, doch gerade bei Konzentrationsschwierigkeiten brauchen die Kinder einen ruhigen Platz. Ein Arbeitstisch auf richtiger Höhe und ein bequemer Stuhl sind die Grundvoraussetzungen, um konzentriert zu arbeiten. Der Tisch sollte möglichst leer sein, sodass keine visuellen Ablenkungen vorhanden sind. Bei Kindern mit Konzentrationsschwierigkeiten sollten keine Ablenkungen wie Fenster, Poster oder Spielzeuge im Sichtfeld sein, sodass sich Ihr Kind vollkommen auf die Aufgabe konzentrieren kann. Obwohl viele Kinder gern mit eingeschaltetem Radio oder Fernseher arbeiten, sollten die auditiven Ablenkungen ausgeschaltet sein. [2]

Wenn es die Größe des Kinderzimmers erlaubt, sollte der Arbeitsplatz im eigenen Zimmer eingerichtet sein. Das ermöglicht Ihrem Kind, die Tür zu schließen und weitere Ablenkungen durch Geschwister oder Besuch zu verhindern. Das gilt zugleich für Sie, denn Eltern platzen gerne mitten in die Hausaufgaben, um etwas vom Kind zu verlangen oder etwas zu erklären. Das ist kontraproduktiv, denn bereits kleine Unterbrechungen von wenigen Sekunden stören die Konzentrationsphase. Vielleicht erinnern Sie sich selber an Situationen, in denen Sie Ihr Kind gestört haben, um es an etwas zu erinnern oder ihm etwas mitzuteilen. Ist das der Fall, sollten Sie solche Unterbrechungen in Zukunft vermeiden. Teilen die Kinder das Schlafzimmer mit Geschwistern oder ist kein separates Zimmer vorhanden, können Sie den Arbeitsplatz jeweils im Wohnzimmer oder in der Küche einrichten. Wichtig ist dann, dass Sie das Kind alleine und in Ruhe arbeiten lassen. Vor dem Arbeitsbeginn sollten alle benötigten Utensilien wie Farben, Bleistifte oder die Brille bereitliegen. Muss Ihr Kind während des Lernens zuerst das Radiergummi suchen, ist das eine weitere Ablenkung. Dasselbe trifft auf ein Glas mit Wasser zu, denn die meisten Kinder bekommen in Konzentrationsphasen Durst. Einige nutzen das, um die Konzentrationsphase zu unterbrechen und für 15 Minuten in die Küche zu gehen. Deshalb ist es ratsam, ein ungesüßtes Getränk vor Arbeitsbeginn bereitzustellen. Je besser Sie den Arbeitsplatz gemeinsam mit Ihrem Kind einrichten, desto konzentrierter und entspannter kann es arbeiten. [2]

99

„Unterbrechungen sind störend und sollten
streng verboten sein!"

- Edgar Allan Poe

99

Gesunde Lebensweise & Ernährung

Die körperliche Gesundheit hat großen Einfluss auf die Konzentrationsfähigkeit. Möchten Sie Ihrem Kind eine gute Konzentrationsbasis schaffen, sollten Sie auf eine gesunde Ernährung, ausreichend Schlaf und viel Bewegung achten. Eine abwechslungsreiche und vielseitige Ernährung mit Obst und Gemüse ist entscheidend, damit das Gehirn arbeiten kann. Sie müssen nicht komplett darauf verzichten, Ihrem Kind auch einmal Süßigkeiten oder ein Süßgetränk anzubieten. Doch die Menge und die passende Zeit machen den Unterschied aus, sodass Süßes vor Lernbeginn keine gute Idee ist. Ratsam ist es, wenn Ihr Kind nach der Schule zuerst etwas essen kann. Äpfel, Rosinen oder Bananen geben dem Gehirn die nötige Energie, sodass sich Ihr Kind nach der kurzen Zwischenmahlzeit gestärkt an die Hausaufgaben machen kann. Ist Ihr Kind wenig von dem gesunden Essen begeistert, gibt es diverse Tricks, damit es das Obst dennoch isst. Mixen Sie ihm beispielsweise einen Shake mit ein wenig Milch, schnitzen Sie lustige Apfel- oder Bananenfiguren und lassen Sie Ihr Kind bei der Zubereitung mitmachen und aktiv mitentscheiden, welches Obst es essen darf. [2, 3]

Obst und Gemüse sind gute Grundlagen, um eine höhere Konzentrationsfähigkeit zu erlangen. Genauso wichtig sind bestimmte Nährstoffe und Vitamine. So braucht das Gehirn beispielsweise gute Fette wie Omega-3-Fettsäuren. Sie fördern den Informationsaustausch im Gehirn, was für ein gutes Erinnerungsvermögen von großer Bedeutung ist. Omega-3-Fettsäuren kommen zum Beispiel in Pflanzenölen wie Rapsöl oder Sesamöl oder in Fisch wie Thunfisch, Lachs oder Hering vor. Weitere wertvolle Stoffe für eine erhöhte Aufmerksamkeit sind Proteine, die in Hülsenfrüchten wie Linsen enthalten sind. Vitamin C und A schützen das Gehirn und helfen bei der Regeneration. Das Vitamin B12 wird als Nervenvitamin bezeichnet und unterstützt den Fokussierungsprozess. Mag das Kind kein Obst, helfen zur Vitaminaufnahme gesunde Snacks wie Paprika, Karottenstäbchen oder Gurken. [6]

„Aber ich bin doch noch gar nicht müde!", ist ein typischer Satz, den Sie wahrscheinlich kennen. Dennoch ist genug Schlaf von großer Bedeutung und Sie sollten speziell in diesem Punkt klare Regeln definieren sowie durchsetzen. Möchte das Kind partout nicht schlafen, sind Kompromisse vorstellbar. Das heißt, das Kind darf vor dem Zubettgehen noch zehn Minuten lesen oder ein Bilderbuch anschauen. Smartphones, Fernseher oder andere elektronische Geräte erschweren das Einschlafen, weshalb Sie sich in Bezug auf solche Medien auf keine Diskussion einlassen sollten. Nach der vorgegebenen Zeit wird das Licht gelöscht und Ihr Kind muss schlafen. Sollten Sie den ausgiebigen Schlaf bisher etwas vernachlässigt haben, kann die Anfangszeit mühsamer sein und Streitereien sind vorprogrammiert. Doch sobald sich Ihr Kind an das Ritual gewöhnt hat, wird es deutlich einfacher werden. [2, 7]

Ähnlich wie der ausreichende Schlaf ist die regelmäßige Bewegung wichtig. Es gibt Kinder, die große Freude am Sport haben und bereits in einem Verein sind. Solche Kinder lassen sich einfach motivieren, nach den Hausaufgaben Fußballspielen zu gehen oder eine Tour mit dem Fahrrad zu machen. Bei Sportmuffeln gestaltet sich die Motivation deutlich schwerer, doch auch dort gibt es Möglichkeiten. Eventuell hat ein Nachbar einen Hund, mit dem das Kind Gassi gehen darf oder in der Nähe befindet sich ein Bauernhof, sodass sich ein Spaziergang mit einem Tier verbinden lässt. Viele Kinder springen darauf an und lieben es, Zeit mit Tieren zu verbringen, sodass die Bewegung weniger beachtet wird. Alternativ können Sie vorschlagen, im Wald verschiedene Objekte zum Basteln zu suchen oder Blumen zu pflücken. Um Kinder zum Sport zu motivieren, sind manchmal ausgefallene Ideen gefragt und oft müssen Sie viele Sachen ausprobieren, bevor Ihr Kind eine passende Aktivität findet. Ein Besuch in einem Kletterpark, ein Spaziergang im Zoo, eine kleine Wanderung auf einen Berg oder Minigolf sind weitere Aktivitäten, die vielen Kindern Spaß machen. [2, 7]

Fördernder Familienalltag

Die Familie ist für ein Kind ein großer Anker und ein geregelter Alltag gibt ihm die notwendige Sicherheit. Kinder brauchen feste Regeln, Abläufe und Rituale. Besonders bei Konzentrationsschwierigkeiten hilft eine klare Struktur, an die sich die Kinder halten können. Deshalb sollten Sie feste Essens-, Schlafens- oder Hausaufgabenzeiten einführen. Wenn sich Ihr Kind daran gewöhnt hat, direkt nach der Schule etwas zu essen und anschließend die Hausaufgaben zu erledigen, fällt der tägliche Kampf weg. Ihr Kind geht mit einer Selbstverständlichkeit an die Aufgaben, weil es zum Ritual gehört. Genauso wichtig ist es für das Kind, dass beispielsweise die gesamte Familie zusammen isst oder gemeinsame Zeiten zum Spielen eingeplant sind. Im Idealfall verbringen beide Elternteile ausreichend Zeit mit den Kindern. Haben Sie noch keine festen Zeiten, sollten Sie jetzt damit beginnen. Eventuell ist es für Sie hilfreich, einen Wochenplan zu erstellen und die jeweiligen Zeiten mit den Aktivitäten einzuschreiben. Ist der Wochenplan kindgerecht gestaltet, können sich auch Ihre Kinder daran orientieren. Zu Beginn kann es für Sie eine extreme Umstellung sein und auch zu Zeitnöten führen, doch wie Ihr Kind werden Sie sich an die Zeiten gewöhnen und sie bald für selbstverständlich ansehen. [3]

Welche inneren Faktoren sind bei der Steigerung der Konzentration wichtig?

Die äußeren Faktoren können Sie mit wenig Arbeit verändern, sodass ein für Ihr Kind konzentrationsförderndes Umfeld entsteht. Neben den äußeren Faktoren gibt es bei der Förderung der Konzentrationsfähigkeit einige Einflüsse, die von der Persönlichkeit und dem Charakter des Kindes ausgehen. Sie sind genauso wichtig, doch ist eine Erkennung oft schwieriger und mit einem höheren Aufwand verbunden. Je besser Sie Ihr Kind vor dem Konzentrationstraining kennen, desto schneller werden Sie einen Fortschritt sehen. Damit ist nicht die Lieblingsfarbe oder das Lieblingsessen gemeint, sondern die Verhaltensweisen, die Lernmethoden und die Denkweise. Zum Starten lohnt es sich, wenn Sie das Gespräch mit Ihrem Kind suchen.

Die eigene Persönlichkeit

Wer seine Konzentrationsfähigkeiten verbessern möchte, muss sich zuerst besser kennenlernen. Vielen Kindern hilft es, wenn sie selber wissen, in welchen Situationen sie abgelenkt sind oder weshalb sie sich nicht konzentrieren können. Bei kleineren Kindern gestaltet es sich manchmal schwieriger, die persönlichen Faktoren herauszufinden. Auf Fragen wie: „Weshalb konntest du dich bei der Prüfung nicht konzentrieren?", antworten sie oft mit einem Schulterzucken. Ihnen fehlen noch die notwendige Selbstreflexion und Beobachtungsgabe. Einige Kinder antworten nicht ehrlich, weil sie Angst haben, dass Sie wütend werden oder Sie die Antwort herunterspielen. Deshalb lohnt es sich, im ersten Schritt ein offenes Gespräch mit dem Kind zu führen. Dabei ist es wichtig, dass Sie Ihrem Kind genau zuhören und es ausreden lassen. Obwohl es vielen Eltern schwerfällt, sollten Sie die Antworten nicht bewerten oder kritisieren, sondern sich in die Lage des Kindes versetzen und aufmerksam zuhören. Das Ziel des Gesprächs ist es, dass Sie die Sichtweise des Kindes erfahren und verstehen. Mögliche Fragen wären:

- Welche Aufgaben machst du gerne?
- Welche Aufgaben fallen dir schwer?
- Weshalb fallen dir diese Aufgaben schwer?
- Wann kannst du dich gut konzentrieren?
- Wann hast du Schwierigkeiten, dich zu konzentrieren?
- Was lenkt dich ab?
- Wie merkst du, dass du abgelenkt bist?
- Was könnte dir helfen, damit du dich besser konzentrieren kannst?

Mit solchen und ähnlichen Fragen entsteht ein Gespräch auf Augenhöhe, sodass die Kinder vielfach ihre Ängste und Sorgen offenlegen. Manchmal bemerken die Eltern Emotionen oder Schwierigkeiten, die ihnen zuvor nie aufgefallen sind. Bei jüngeren Kindern lohnt es sich, bei einigen Fragen mit einem Punktesystem von 0 bis 10 oder mit fünf verschiedenen Smileys zu arbeiten, sodass das Kind anstelle einer konkreten Antwort eine Zahl nennen oder ein Gesicht aussuchen kann. Das heißt, Sie stellen beispielsweise die Frage: „Was denkst du, wie gut kannst du dich bei den Hausaufgaben konzentrieren?" Daraufhin nennt Ihr Kind eine Zahl oder wählt einen lachenden oder weinenden Smiley aus. Sie werden beim Gespräch wahrscheinlich staunen, wie gut Ihr Kind bereits über die eigenen Konzentrationsfähigkeiten Bescheid weiß. Es gibt Kinder, die genau sagen können, was sie für eine bessere Konzentration benötigen und weshalb einige Aufgaben nicht funktionieren. [8]

Daneben gibt es Kinder, die sich wenig mit sich selbst auseinandersetzen und keine Antworten auf die Fragen haben. Das ist vollkommen normal und je jünger die Kinder sind, desto schwieriger ist die Selbstreflexion. Bei solchen Kindern sollten Sie nicht zu lange auf ein Gespräch pochen, sondern selber Beobachtungen anstellen. Andernfalls könnte Ihr Kind das Gefühl bekommen, dass Sie wieder Druck ausüben und etwas von ihm verlangen, dass es wieder nicht kann. Beobachtungen sind beispielsweise gut bei Hausaufgaben möglich, indem Sie sich neben das Kind setzen – ohne aufdringlich zu wirken – und es beobachten. Kleine Notizen helfen Ihnen herauszufinden, in welchen Situationen das Kind bei der Sache ist. Welche Fächer liegen dem Kind und bei welchen Aufgaben lässt es sich leichter ablenken? Was lenkt das Kind ab und wie findet es den Anschluss wieder? Wie lange dauert eine Konzentrationsphase? Welche

Anzeichen deuten darauf hin, dass die Phase bald vorbei ist? Wann verändert sich die Gefühlslage oder wann entsteht der Frust?

Solche persönlichen Faktoren beeinflussen die Konzentrationsfähigkeiten und die Beobachtungen sowie Erkenntnisse helfen bei der Förderung. Erkennt Ihr Kind beispielsweise, dass es sich schnell von anderen Kindern ablenken lässt, ist ein ruhiger Arbeitsplatz umso wichtiger. Entsteht Frust beim Arbeiten, weil die Matheaufgaben zu schwierig sind, können Sie von Beginn an Hilfe bei solchen Aufgaben anbieten und den Frust verhindern. Ist Ihr Kind direkt nach der Schule zu müde, um die Hausaufgaben zu erledigen, sollte es zuerst 30 Minuten spielen dürfen. Kleine Veränderung aufgrund der Persönlichkeit bewirken oft große Fortschritte und erleichtern Ihrem Kind die Konzentration.

Die Lernmotivation

Kinder brauchen Motivation, sonst gelingt weder das Lernen noch das Konzentrieren. Sie wissen bestimmt, wie es ist, einen trockenen Inhalt in den Kopf zu quetschen, um das unnötige Wissen beim Test abzurufen. Vielen Kindern geht es ähnlich und sie begreifen im Laufe der Schulzeit, dass viel Gelerntes nie zum Einsatz kommen wird. Ein einfaches Beispiel ist das Kopfrechnen. Die wenigsten Kinder verstehen, weshalb sie Kopfrechnen müssen, denn schließlich liegt das Smartphone mit dem Taschenrechner immer griffbereit. Kinder in der ersten und zweiten Klasse lassen sich noch eher für neue Themen begeistern, später schwindet das Interesse. Dazu kommen die negativen Erfahrungen in Form von schlechten Noten, unter denen die Motivation leidet. Oder machen Sie gerne Aufgaben im Beruf, bei denen Sie das letzte Mal versagt haben? Die

Konsequenz der fehlenden Motivation ist, dass Sie Ihr Kind zum Lernen und Arbeiten zwingen müssen. Das ist weder im Interesse der Kinder noch der Eltern, denn Sie wünschen sich ein Kind, das einfach und schnell lernt. Doch wie geht das? [9]

Kinder müssen neugierig auf ein Thema sein und es muss ihnen Spaß machen. Leider gibt der Lehrplan genau vor, welche Inhalte die Lehrpersonen durchnehmen müssen. Die Folge daraus ist, dass Kinder unnötiges und faktenbezogenes Wissen aufsaugen müssen, ohne den Sinn dahinter zu verstehen. Deshalb ist es wichtig, den Kindern die Vorteile der Übungen aufzuzeigen und die positiven Folgen näherzubringen. Alltagsbezogene Beispiele helfen, die Neugier der Kinder zu wecken. Lernen die Kinder beispielsweise ein grammatikalisches Thema in Deutsch, können Sie den Bezug zum eigenen Beruf herstellen. Erklären Sie Ihrem Kind zum Beispiel, dass auch Sie fehlerfreie Briefe, Bewerbungen oder E-Mails schreiben müssen und es den Kunden nicht gefällt, wenn zu viele Fehler darin sind. Das Kopfrechnen ist trotz Smartphone wichtig, wenn es um die Uhrzeit, Fahrpläne oder das Einkaufen geht. Erklären Sie Ihrem Kind, dass es jeden Bus verpassen wird, wenn es nicht ausrechnen kann, wie viel Zeit ihm noch bleibt. Oder gehen Sie mit Ihrem Kind einkaufen und zeigen Sie auf, dass es die Beträge schnell zusammenrechnen muss, um nicht zu viel Geld auszugeben. Referate helfen, das Selbstvertrauen aufzubauen und bei Bewerbungen vor Leuten zu sprechen. [9]

Sträubt sich Ihr Kind gegen ein zusätzliches Konzentrationstraining, sollten Sie den Nutzen dahinter erklären und die positiven Auswirkungen aufzeigen. Ihrem Kind hilft es und es gibt ihm Motivation, wenn es im Gegensatz zu Schulübungen das Training mitgestalten dürfen. Es soll aktiv am Aufbau teilnehmen und sich die Aufgaben selber aussuchen dürfen. Dadurch fällt der sonst typische Zwang weg, mit dem viele Kinder Mühe haben. Indem Ihr Kind selber bestimmen darf, wachsen das Interesse und die Neugier. Für noch mehr Motivation sorgt der Spaß beim Training. Das Konzentrationstraining soll kein trockenes Abarbeiten einiger Blätter, sondern handlungsorientiert und projektartig sein. Kinder sollen Freude haben und die Übungen sollen Spaß machen. Zeigen Sie Ihrem Kind beispielsweise auf, welche lustigen und spannenden Übungen beim Training vorhanden sind. Erklären Sie dem Kind, dass es keine Zusatzaufgabe ist und es keine Noten gibt. Wenn Sie dem Kind zu verstehen geben, dass es ein gemeinsames Spiel mit interessanten Herausforderungen ist, wird es eher Motivation aufbringen.

99

„Konzentration ist zielgerichtete Motivation."
- Andreas Tenzer

99

Die vier Lerntypen

Die Persönlichkeit des Kindes und die eigene Motivation spielen eine große Rolle beim Lernen und bei der Konzentrationsfähigkeit. Einige Kinder begeistern sich für Mathematik, während sie bei einem Diktat abgelenkt sind und keine Motivation haben. Ein weiterer persönlicher Faktor, der Einfluss auf den Lernerfolg und die Konzentrationsfähigkeit hat, ist der individuelle Lerntyp. Manchmal liegt es nicht am Inhalt, am Fach oder an der Motivation, sondern an der falschen Aufgabenstellung. Schon früh fanden Wissenschaftler, Philosophen und Pädagogen heraus, dass beim Lernen je nach Kind ein anderer Sinn stärker genutzt wird. So gibt es beispielsweise Kinder, die über das Gehör mehr Informationen aufnehmen können, als wenn sie denselben Inhalt auf einem Papier lesen. Wieder andere brauchen Bewegung und ein handlungsorientiertes Lernen. Daraus hat der Biochemiker und Systemforscher Frederic Vester 1975 vier Lerntypen abgeleitet:

- Der optische oder visuelle Lerntyp
- Der auditive Lerntyp
- Der haptische oder motorische Lerntyp
- Der intellektuelle oder kommunikative Lerntyp

Die vier Lerntypen unterscheiden sich dahingehend, dass sie Informationen auf verschiedenen Kanälen besser aufnehmen können. Der visuelle Lerntyp lernt am besten, indem er zusieht und beobachtet. Für solche Kinder ist es wichtig, die Inhalte in Form von Bildern, Filmen, Grafiken oder Skizzen aufzuzeigen. Ein gut strukturierter Text mit Randzeichen, Farben und Mustern hilft den Kindern, einfacher und konzentrierter zu lernen. Der auditive Lerntyp nimmt neue Informationen schneller über das Gehör auf. Ihm fällt es schwer, einen Text zu lesen oder einen Stummfilm zu schauen. Stattdessen sollte er den Text laut lesen, sich die Informationen mithilfe eines Hörbuches aneignen oder einen Film mit Ton schauen. Der haptische oder motorische Lerntyp braucht die praktische Erfahrung und die Bewegung. Er muss den Inhalt fühlen und ausprobieren. Dazu bieten sich Rollenspiele, Experimente oder Gruppenarbeiten an. Der intellektuelle oder kommunikative Lerntyp tauscht sich gern aus und erlangt den Inhalt durch die Selbsterfahrung. Bei Referaten, Gruppenarbeiten oder Diskussionen kann er Verbindungen ziehen und den kompletten Inhalt erschließen. [10]

Lehrpersonen werden ausgebildet, alle vier Lerntypen bei der Unterrichtsplanung zu berücksichtigen. Leider funktioniert das nicht bei jedem Thema gleich gut, sodass oft eine gewisse Kreativität gefragt ist. Ein gutes Beispiel zur Veranschaulichung, wie sich die vier Lerntypen im Unterricht einbringen lassen, ist die Beziehung von Sonne, Mond und Erde. Die Konstellation, die Lage und die Bewegungen der drei Himmelskörper entscheiden über die Jahreszeiten oder den Tag-Nacht-Rhythmus.

- **Der optische Lerntyp:** Für den optischen Lerntyp bietet sich ein Text, ein Film oder Bilder an, um die Beziehung der drei Himmelskörper besser zu verstehen.

- **Der auditive Lerntyp:** Der auditive Lerntyp kann das Prinzip besser verstehen, wenn die Lehrperson den Inhalt erklärt, einen Text vorliest oder er sich ein Hörbuch mit den wichtigsten Informationen anhört.

- **Der haptische Lerntyp:** Der haptische Lerntyp braucht Experimente, sodass für ihn eine gestalterische Umsetzung eines kleinen Erde-Sonne-Mond-Modells ideal wäre. So kann er anschließend selber den Mond oder die Erde verschieben, um die Auswirkungen auf die Jahreszeit oder den Tag anhand des Modells zu erkunden.

- **Der intellektuelle Lerntyp:** Für den intellektuellen Lerntyp ist eine anregende Diskussion gut geeignet. Alternativ lernt er das Prinzip am besten, indem er den Inhalt selbst erforscht und ein Referat vorträgt. Auch Sie als Eltern sollten diese vier Lerntypen berücksichtigen und in Erfahrung bringen, auf welchen Kanal Ihr Kind am besten reagiert.

Obwohl die Lerntypen noch heute vermittelt werden, sollten Sie sie mit einer gewissen Vorsicht genießen. Kinder haben meist einen priorisierten Zugang, dennoch sollten Sie die anderen Kanäle nicht vernachlässigen. Erkennen Sie einen speziellen Lerntyp in Ihrem Kind, lohnt es sich bei komplexen Themen oder beim Training, den Fokus auf diese Sinneswahrnehmung zu legen. Dennoch sind sich die Wissenschaftler heute einig, dass die Kinder alle Sinneskanäle nutzen sollten und besser lernen, wenn jeder Sinn bedient wird. Bei der Umsetzung heißt das, es ist wichtig, den Lerntyp des Kindes zu kennen, um einen vereinfachten Zugang zu schaffen. Soll ein visueller Lerntyp beispielsweise ein Gedicht auswendig lernen, reicht ein Hörbuch nicht aus und Sie sollten ihm das Gedicht schriftlich und gut strukturiert vorlegen. Trotzdem hilft es, wenn das Kind beim Lesen zusätzlich das Hörbuch hört und dem Text mit dem Gehör folgt. Wer seinen Lerntyp kennt, wird schneller und einfacher lernen und sich dabei besser konzentrieren. Im Internet gibt es dazu unzählige Tests, die Sie mit Ihrem Kind machen können, um den persönlichen Lerntyp herauszufinden. Der Vorteil ist, dass es Ihrem Kind bestimmt Spaß machen wird, die verschiedenen Fragen am Laptop zu beantworten. [10]

Lernblockaden lösen

Ist bereits eine starke Lernblockade vorhanden, reicht die Erkenntnis des Lerntyps, die Motivation und die Einschätzung der Persönlichkeit nicht aus. Solche Kinder sind total blockiert und können trotz sinnvoller Veränderungen keine Verbesserung bemerken. Dann ist es wichtig, die Lernblockade vor und mit dem Training zu lösen. Kinder mit Lernblockaden haben meist Angst. Sie fürchten sich vor schlechten Noten, Misserfolgen, Streitereien oder Druck. Hat Ihr Kind große Angst und fühlt es sich gestresst, nützt ein Training in seltenen Fällen etwas. Stellen Sie eine Lernblockade fest, sollten Sie das Gespräch mit Ihrem Kind suchen. Manchmal hilft es auch, mit der Klassenlehrperson zu sprechen und weitere Gründe für die Angst zu finden. Lehrpersonen beobachten oft andere Verhaltensauffälligkeiten und können Ihnen mit ihren Beobachtungen eine große Hilfe sein. [8]

Im Gespräch kann die Klassenlehrperson oder das Kind offenlegen, woher die Ängste kommen und welche Probleme vorhanden sind. Hat Ihr Kind Angst vor schlechten Noten, ist es wichtig, ihm klarzumachen, dass eine schlechte Note kein Weltuntergang ist. Sie sollten Ihrem Kind erklären, dass niemand überall super sein kann. Manchmal hilft es, wenn Sie Ihre Noten aus der Schulzeit aufzeigen – solange Sie nicht überall eine Eins hatten. Bei Prüfungsangst lohnt es sich, typische Situationen mit dem Kind nachzuspielen oder wertvolle Tipps zu geben, was es bei aufsteigender Nervosität unternehmen kann. Drucken Sie beispielsweise ein Übungsblatt aus, stellen Sie Ordner als Barriere wie in der Schule auf und geben Sie Ihrem Kind eine Zeit vor. Anschließend beobachten Sie Ihr Kind wie die Lehrperson und ziehen das Blatt nach abgelaufener Zeit ein. Das Kind zu motivieren, zu loben und zu unterstützen, ist bei einer Lernblockade von großer Bedeutung. Ihr Ziel sollte sein, Erfolgserlebnisse zu schaffen, damit Ihr Kind merkt, dass seine Angst unbegründet ist. Manchmal helfen Entspannungs- und Achtsamkeitsübungen, die das Kind bei aufkommender Angst anwenden kann. Bei Lernblockaden sind regelmäßige Gespräche, viel Geduld und großes Verständnis entscheidend. Erst wenn sich Ihr Kind von Ihnen verstanden und unterstützt fühlt, lassen sich die Blockaden lösen. Seien Sie in solchen Moment für Ihr Kind da, hören Sie Ihrem Kind zu und bieten Sie aktive Hilfe an. [8]

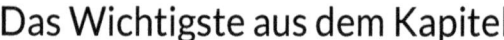

Das Wichtigste aus dem Kapitel

- Kein Kind hat von Beginn an eine hohe Konzentrationsfähigkeit, doch jedes Kind kann lernen, sich zu konzentrieren.

- Eine erhöhte Konzentrationsfähigkeit hat positive Auswirkungen auf die Schulzeit, denn Ihr Kind erledigt die Aufgaben schneller, zuverlässiger und mit höherem Erfolg. Das wirkt sich auf den Familienalltag aus, sodass das Kind zufriedener mit sich selbst ist und Sie als Eltern weniger Druck ausüben.

- Damit sich Ihr Kind gut konzentrieren kann, braucht es einen gut eingerichteten und ruhigen Arbeitsplatz. So kann es sich auf Prüfungen vorbereiten oder die Hausaufgaben erledigen. Wichtige Utensilien wie Bleistift, ein Glas Wasser oder die Brille sollten vor dem Arbeitsbeginn bereitliegen.

- Eine gesunde Ernährung, ausreichend Schlaf und Bewegung helfen dem Gehirn, sich zu konzentrieren. Sie sollten in diesen Punkten durchgreifen, damit der Körper Ihres Kindes die notwendige Power erhält.

- Kinder brauchen einen geregelten Familienalltag mit festen Zeiten und immer wiederkehrenden Ritualen. Die Zeiten zum Essen, für die Hausaufgaben oder zum Schlafen sollten festgelegt sein. Gemeinsame Zeiten zum Spielen oder für Aktivitäten sind genauso wichtig.

- Vor der Förderung der Konzentration ist es entscheidend, dass Sie und Ihr Kind die Probleme erkennen. Wann ist das Kind unaufmerksam, welche Situationen führen zu einem erhöhten Frust oder was lenkt Ihr Kind ab? Um solche inneren Einflüsse besser einschätzen zu können, sollten Sie ein direktes Gespräch mit Ihrem Kind suchen oder Ihr Kind aktiv beobachten.

- Für eine erhöhte Konzentrationsfähigkeit ist die Lernmotivation von großer Bedeutung. Damit Ihr Kind lernen möchte, muss es Freude und Spaß am Inhalt haben. Es muss den Nutzen verstehen, also weshalb es etwas lernen muss. Zwingen Sie Ihr Kind auf keinen Fall zum Lernen, denn das ist kontraproduktiv und nützt nichts.

- Für eine optimale Förderung Ihres Kindes ist es entscheidend, dass Sie den individuellen Lerntyp Ihres Kindes kennen. Bei schwierigen oder herausfordernden Übungen sollten Sie den von Ihrem Kind favorisierten Kanal wählen. Trotzdem ist es ratsam, alle anderen Kanäle genauso zu nutzen.

- Stellen Sie eine Lernblockade bei Ihrem Kind fest, müssen Sie diese zuerst lösen oder lockern. Eventuell kann Ihr Kind Ihnen mitteilen, welche Ängste es hat und Sie können ihm die Ängste nehmen. Alternativ lohnt sich ein Gespräch mit der Klassenlehrperson, die Ihnen ihre Beobachtungen mitteilen kann. Bei Lernblockaden müssen Sie ein großes Verständnis, viel Geduld und Unterstützung aufbringen. Sprechen Sie regelmäßig mit Ihrem Kind und bieten Sie Ihre Hilfe an.

KAPITEL 3

Schluss mit Lernblockaden & Gedankenchaos!

Wenn Sie den Verdacht haben, dass Ihr Kind Konzentrationsschwierigkeiten hat, können Sie und Ihr Kind gemeinsam etwas dagegen unternehmen. Ihr Kind muss sich nicht länger von allen Reizen ablenken lassen, denn es kann lernen, sich besser auf einen Reiz zu fokussieren. Wie das funktioniert und wie Sie gemeinsam dieses Problem anpacken, erfahren Sie im folgenden Kapitel. Zuerst lernen Sie, was es braucht, um die Lernblockaden und das Gedankenchaos endlich zu beenden. Das Kapitel behandelt einige Möglichkeiten, um ein Konzentrationstraining aufzubauen und durchzuführen. Seien Sie sich aber jetzt schon bewusst, dass nicht alles an Ihrem Kind hängen bleibt und Sie einen aktiven Part einnehmen und Ihre Zeit für Ihr Kind opfern müssen.

Konzentrationsprobleme erkennen und anpacken

Wahrscheinlich haben Sie schon länger bemerkt, dass Ihr Kind große Mühe beim Konzentrieren hat. Im ersten Schritt ist es wichtig, diese Erkenntnis Ihrem Kind mitzuteilen. Sie müssen Ihr Kind mit ins Boot holen, um aktiv etwas gegen diesen Zustand der Zerstreutheit zu unternehmen. Sobald Sie Ihr Kind überzeugt haben und es die Motivation zur Veränderung hat, können Sie die Umstellung zusammen in Angriff nehmen.

Selbsterkenntnis & eigener Wille zur Veränderung

Möchte ein Kind nichts ändern und sieht es das Problem nicht ein, werden Sie es niemals zur Veränderung motivieren. Ihr Kind braucht zuerst eine Selbsterkenntnis, es muss das Problem verstehen. Zeigen Sie ihm beispielsweise bei den Hausaufgaben oder Prüfungsvorbereitungen auf, wie schnell es sich ablenken lässt. Mit geeigneten Argumenten können Sie Ihr Kind davon überzeugen, die Konzentrationsfähigkeiten zu verbessern. Betonen Sie dabei stets, dass Sie das Problem gemeinsam angehen und die Übungen Spaß machen werden. Alles soll auf Freiwilligkeit beruhen und Ihr Kind darf das Training aktiv mitgestalten. Sobald Ihr Kind den Nutzen hinter den Übungen versteht und die Vorteile der verbesserten Konzentrationsfähigkeit sieht, starten Sie mit den Veränderungen.

Bevor Sie sofort mit dem Training beginnen, sollten Sie die vorher beschriebenen inneren und äußeren Einflüsse verändern. Ihr Kind braucht einen ruhigen und ablenkungsfreien Arbeitsplatz. Stellen Sie notfalls die Ernährung um und sorgen Sie für einen strukturierten Familienalltag. Hier bietet sich ein Wochenplan am Kühlschrank an, an dem sich Ihr Kind orientieren kann. Er sollte Schulzeiten, gemeinsame Essen, Hausaufgabenzeit oder sportliche Aktivitäten beinhalten, sodass Ihr Kind immer weiß, was der neue Tag bringt. Sie können Ihr Kind auch fragen, was es für eine höhere Konzentrationsfähigkeit braucht oder welche Veränderungen es sich wünscht. Ein persönliches Gespräch bringt Aufschluss über Probleme oder Gründe für die Schwierigkeiten. Versuchen Sie herauszufinden, welcher Lerntyp Ihr Kind ist und auf welche Übungen es am ehesten anspringen könnte, welche Belohnungen sinnvoll sind und woher die notwendige Motivation kommen könnte.

„

„Den schnellsten Fortschritt im Leben erreicht derjenige, der sich intensiv und beständig ohne Ablenkung mit einer Sache beschäftigt."

- Christian Bischoff

„

Hilfestellungen

In dieser Phase der Vorbereitung sollten Sie Hilfestellungen suchen. Die beste Hilfsperson ist Ihr Kind selbst, denn es kennt sich und seine Wünsche am besten. Das heißt aber nicht, dass Sie Ihrem Kind jeden Wunsch erfüllen sollen und es die Situation ausnutzen kann. Nehmen Sie nur Veränderungen ernst, die wirklich eine Verbesserung der Konzentrationsfähigkeit bringen. Wenn Ihr Kind diesen Part aktiv mitsteuern und seine Wünsche wie beispielsweise einen eigenen Schreibtisch mitteilen kann, hat es eine höhere Motivation zur Veränderung. Danach können Sie den Rat weiterer Personen wie der Lehrperson, den Verwandten oder guten Freunden einholen. Eventuell möchten die Großeltern beim Training mithelfen und übernehmen jeweils das Training an einem oder mehreren Tagen. Die Lehrperson kann das Training vielleicht unterstützen, indem sie wöchentlich einen kurzen Bericht zu der Konzentrationsfähigkeit in der Schule verfasst. Dadurch sehen Sie, ob das Training auch in der Schule anschlägt und wo es weiterhin zu Problemen kommt. [3]

Sie werden beim Training wahrscheinlich den Hauptpart übernehmen und die meiste Zeit mit Ihrem Kind an den Konzentrationsfähigkeiten arbeiten. Deshalb sollte Ihnen bewusst sein, dass Sie als Vorbild fungieren. Ihr Kind wird sich an Ihnen orientieren und wird auf Ihre Hilfe angewiesen sein. Wenn Sie das Training regelmäßig ausfallen lassen, ständig vom Smartphone abgelenkt werden oder nur gelangweilt neben dem Kind sitzen, wird es keine Fortschritte machen. Sie müssen Interesse am Training zeigen, alle Ablenkungen für diesen Moment beiseitelegen und als gutes Vorbild vorausgehen. Helfen Sie Ihrem Kind, indem Sie ihm Tipps geben und aufzeigen, wie Sie sich besser konzentrieren können. Machen Sie dazu einige

Beispiele aus Ihrem Alltag, wie Sie zum Beispiel das Radio beim Autofahren leiser schalten oder das Smartphone im Büro auf stumm schalten. Im Idealfall befinden Sie sich beim Training auf Augenhöhe, sodass auch Sie etwas von Ihrem Kind lernen können und bereit sind, in die Haut Ihres Kindes zu schlüpfen.

Vorbereitung des Konzentrationstrainings

Vor dem Konzentrationstraining müssen die Grundvoraussetzungen stimmen und Ihr Kind muss bereit sein, etwas an seinen Fokussierungsfähigkeiten zu verbessern. Anschließend können Sie gemeinsam ein Konzentrationstraining aufbauen. Beziehen Sie Ihr Kind in diesen Prozess mit ein. Je stärker es mitbestimmen darf, desto höher ist die Motivation. Zusätzlich sieht es, was das Training beinhaltet und dass es nicht mit dem klassischen Schulalltag vergleichbar ist.

Altersgerechter Lernplan (mit Download)

Zuerst sollten Sie einen Lernplan erstellen. Er dient Ihnen und Ihrem Kind als Orientierung für das Konzentrationstraining. Zugleich hilft er bei der Reflexion und der Einschätzung der Lernziele. Hier finden Sie zwei Vorlagen von Lernplänen zum Downloaden. Dafür einfach den QR-Code mit dem Smartphone scannen oder den Link in einem Browser eintippen:

Lernpläne

https://t1p.de/enzs

Einer der Lernpläne ist für jüngere Kinder gedacht, die andere Vorlage ist für ältere Kinder konzipiert. Dazu eine kurze Anleitung:

- **Tag:** Hier schreiben Sie oder Ihr Kind die Anzahl der Übungstage hinein, indem Sie die Tage nummerieren. Die Spalte zeigt Ihrem Kind, wie viele Tage es bereits übt und wie fleißig es ist. Die Nummerierung der Übungstage dient Ihnen als Orientierung, um einen Überblick über die bereits investierten Tage zu haben.

- **Datum:** Beim Datum schreiben Sie das Datum des Übungstages hinein, um nach einigen ausgefüllten Lernplänen den Überblick zu behalten. So können Sie später nachvollziehen, an welchem Tag Sie welche Übungen gemacht haben.

- **Uhrzeit:** Bei der Uhrzeit schreiben Sie hinein, um welche Uhrzeit Sie die Übung mit Ihrem Kind machen. Dieses Feld füllen Sie entweder jeweils zu Beginn der Übung aus oder sollten Sie die Übungen mit Ihrem Kind immer zur selben Zeit machen, können Sie das Feld bereits als Vorbereitung ausfüllen. Manchmal lohnt es sich, die Übungen zu unterschiedlichen Zeiten zu erledigen und einmal auszuprobieren, ob sich Ihr Kind beispielsweise morgens oder nachmittags besser konzentrieren kann. Sobald Sie die ideale Zeit gefunden haben, sollten Sie die Übungszeit beibehalten und Ihrem Kind so eine klare Struktur bieten.

- **Übung:** Damit es Ihrem Kind nicht langweilig wird, sollten Sie regelmäßig die Übung wechseln. Es ist ratsam, etwa eine Woche dieselbe Übung zu machen und dann zu wechseln. Wie die Auswahl der Übung funktionieren könnte, erläutert der Text im nächsten Kapitel. Damit Sie später noch wissen, welche Übung Sie bereits gemacht haben, schreiben Sie in dieses Feld den Namen der Übung hinein.

- **Dauer:** Dieses Feld füllen Sie aus, sobald Ihr Kind die Übung gemacht hat. Stoppen Sie beim Training die Zeit und schreiben Sie hinein, wie lange sich Ihr Kind konzentrieren konnte. Alternativ ist es möglich, hier eine Wunschzeit zu vermerken. Sie überlegen gemeinsam mit Ihrem Kind, sobald Sie die Wochenübung kennen, wie lange die Übung dauern wird. Am ersten Tag sind es vielleicht nur fünf bis zehn Minuten und gegen Ende der Woche ist das Ziel, eine Übungsdauer von 15 Minuten zu erreichen. Achten Sie darauf, dass die Wunsch- oder Zielzeit realistisch ist und Ihr Kind die notwendige Konzentrationsfähigkeit für diese Dauer hat.

- **Kommentar der Eltern:** In das Kommentarfeld schreiben Sie hinein, wie die Übung gegangen ist, wie gut sich Ihr Kind konzentrieren konnte und wie viele Pausen es gebraucht hat. Sie können auch Beobachtungen oder Erkenntnisse festhalten. Geben Sie ein kurzes Feedback zur

Übung und zur Leistung des Kindes. Weil das Konzentrationstraining ein gemeinsames Projekt ist, sollten Sie den Kommentar Ihrem Kind zeigen, wenn es ihn sehen möchte. Doch erst, wenn es selbst eine Einschätzung abgegeben hat.

- **Einschätzung des Kindes:** Bei der Einschätzung des Kindes darf Ihr Kind eine Rückmeldung dazu geben, wie gut ihm die Übung gelungen ist. Bei kleineren Kindern geht das mithilfe von Smileys. So darf Ihr Kind ein Gesicht aussuchen. Bei älteren Kindern können Sie mit einer Skala von 0 bis 10 arbeiten, wobei die Null bedeutet, dass Ihrem Kind die Übung nicht gelungen ist. Bei der Zehn ist es mit seiner Leistung sehr zufrieden. Kommentieren Sie diese Einschätzung Ihres Kindes nicht, sondern lassen Sie es das ausgesuchte Gesicht ausmalen oder die Zahl hineinschreiben. Bei Bedarf kann es einen Kommentar dazu abgeben, den Sie in Ihrem Feld mit Stichworten notieren.

- **Erledigt:** Wenn Ihr Kind die Übung am eingeschriebenen Datum gemacht hat, darf es am Ende im Quadrat ein Häkchen oder ein Kreuz machen und den Tag als „erledigt" markieren. Das fördert zusätzlich die Motivation.

Die Idee ist, dass Ihr Kind täglich eine Konzentrationsübung macht. Je nach Alter und Fähigkeiten sollten die Übungen zwischen zehn und 30 Minuten dauern. Sonntags dürfen Sie eine kurze Pause einlegen. Nach sechs Tagen finden Sie auf der Vorlage eine Zeile mit dem Titel Lernziel. Sobald Sie die Wochenaufgabe kennen, formulieren Sie gemeinsam mit Ihrem Kind ein oder mehrere Lernziele. So können Sie beispielsweise ein Ziel zur Konzentrationszeit und ein weiteres Ziel zur Aufgabe formulieren. Die Ziele könnten zum Beispiel wie folgt lauten:

- „Ich kann mich zehn Minuten am Stück konzentrieren, ohne eine Pause zu machen."
- „Ich kann mir 20 Objekte bei der Übung „Ich packe meinen Koffer" merken, ohne einen Fehler zu machen."
- „Ich mache die Konzentrationsübung zuverlässig und diskutiere nicht zuerst über eine Verschiebung."

Die Ziele sollten Sie erst festlegen, wenn Sie die Übung kennen. Fragen Sie auch Ihr Kind, welche Ziele es für sinnvoll hält. Doch Vorsicht, denn Kinder schlagen schnell zu hohe Ziele an. Wichtig ist, dass Ihr Kind das Ziel erfüllen kann. Sollten Sie nach den ersten Tagen feststellen, dass die Ziele zu leicht oder zu schwer sind, dürfen Sie sie nach Absprache mit Ihrem Kind ändern. Zugleich zu den Lernzielen notieren Sie sich eine Belohnung, die Sie gemeinsam mit Ihrem Kind überlegen. Die Belohnung erhält Ihr Kind nur, wenn es die Lernziele erfüllt. Sobald das Training problemlos funktioniert, dürfen Sie die Zeitspanne für die Belohnung vergrößern. Dann erhält Ihr Kind nicht nach jeder Woche eine Belohnung, dagegen bekommt es nach etwa einem Monat des erfolgreichen Trainings eine größere Belohnung.

Der Lernplan ist ein wichtiges Mittel, damit Ihr Kind ständig das Ziel vor Augen hat und Sie sich an einen Plan halten können. Er dient anschließend bei der Reflexion als Vorlage, um Erfolge, Misserfolge oder Schwierigkeiten zu besprechen. Deshalb ist es wichtig, dass Sie den Lernplan vor und nach der Übung stets bereithalten und ihn zuverlässig ausfüllen. Ihr Kind darf mithelfen und den Lernplan mitgestalten. [4]

99

„Nur wer sein Ziel kennt, findet den Weg."

- Laozi

99

Spielerische Trainingsform wählen & vorbereiten (mit Download)

Ein weiterer Aspekt der Vorbereitung ist die Wahl einer geeigneten Trainingsform. Ihr Kind sollte jede Woche eine neue Übung machen, doch damit es genug Motivation dazu hat, müssen Sie die Auswahl und die Übungen attraktiv gestalten. Für ein großes Interesse ist der Auftritt der Konzentrationsübung entscheidend. Das heißt, Sie sollten nicht einfach eine Übung aussuchen und Ihr Kind dazu zwingen, diese Übung auszuführen. Ansonsten entsteht dieselbe Atmosphäre wie in der Schule. Möglich wäre es, vor dem Training einige Übungen mit Ihrem Kind zu suchen. Im folgenden Kapitel finden Sie diverse Beispiele für Übungen, die Sie verwenden können. Vielleicht kennen Sie selber weitere Aufgaben, die Ihr Kind erfüllen kann und die die Konzentration fördern wie ein Puzzle, eine Yogasession oder ein für Ihr Kind spannendes Arbeitsblatt. Daneben kann Ihr Kind vielleicht noch einige Vorschläge machen, so gefallen ihm eventuell Knobelaufgaben oder Labyrinthe, die Sie zusätzlich einbauen können. Das oberste Ziel sollte sein, eine große Auswahl unterschiedlicher Übungen zu haben. Es sollte eine große Vielfalt sein, sodass die Sammlung mit Konzentrations-, Merk-, Bewegungs- und Sinnesaufgaben gefüllt ist. Einige wenige Arbeitsblätter mit gestalterischen Elementen oder Denkaufgaben können sinnvoll sein. Versuchen Sie bei der Auswahl der Übungen die Persönlichkeit des Kindes zu berücksichtigen. Ist Ihr Kind beispielsweise kein guter Zuhörer und hat es keine Lust auf Merkaufgaben, lassen Sie solche Übungen zuerst weg. Sie können später solche Aufgaben einbauen, doch zuerst soll es Spaß haben und motiviert an das Training gehen. Bedenken Sie auch das Niveau und das Alter Ihres Kindes. Kann Ihr Kind beispielsweise nur mit Mühe bis zehn zählen, dann sollten Sie keine Übungen wählen, wo es bis 100 zählen muss oder sich hohe Zahlen merken soll. [5]

Sobald Sie und Ihr Kind eine große Auswahl an Übungen bereit haben, überlegen Sie sich eine geeignete Methode zur Auswahl der Wochenaufgabe. Zwar könnte Ihr Kind auch einfach eine Aufgabe aussuchen und die machen Sie dann, doch die Auswahl sollte zufällig sein, sonst sucht sich das Kind die leichtesten oder spaßbringendsten Aufgaben aus. Einige Kinder wären auch überfordert, wenn sie aus 50 Übungen eine Aufgabe aussuchen müssten. Deshalb sind geeignete Methoden zur Auswahl einer Übung ratsam. Sie könnten zum Beispiel:

- Die Übungen auf Kärtchen via QR-Code oder Link downloaden und ausdrucken. Dafür einfach den unten stehenden QR-Code mit dem Smartphone scannen oder den Link in einem Browser eintippen. Diese Kärtchen legen Sie in ein Gefäß, sodass Ihr Kind jeweils zum Wochenbeginn ein Kärtchen mit einer Übung ziehen darf und diese Übung machen Sie dann.

- Anstelle des Gefäßes können Sie mit Ihrem Kind zur Vorbereitung des Trainings eine Schatzkiste aus einem

Schuhkarton basteln, sodass das Kind jeweils eine Übung aus der Schatzkiste ziehen darf.

- Alternativ könnten Sie neun mit Sand oder Erde gefüllte PET-Flaschen nehmen und jeweils eine Übung auf jede Flasche schreiben. Dann darf Ihr Kind die Flaschen mit einem Ball abschießen. Sie machen dann die Übung auf der Flasche, die zuerst umfällt.

- Haben Sie zu Hause eine Dartscheibe oder möchten Sie eine basteln, können Sie das Auswahlverfahren mit Pfeilen machen. Dafür kleben oder befestigen Sie die Namen einiger Übungen auf die Dartscheibe und Ihr Kind schießt die zu lösende Übung mit dem Pfeil ab.

- Bei älteren Kindern bietet es sich an, wenn ihre Meinung etwas stärker in den Auswahlprozess einfließt. Sie können Ihrem Kind beispielsweise drei bis fünf Übungen vorlegen, die Sie für sinnvoll erachten und Ihr Kind darf eine davon aussuchen.

- Die einfachste Methode ist, wenn Sie alle Übungen auf eine Liste schreiben und sie nummerieren. Ihr Kind darf eine Zahl nennen und diese Übung wird gemacht.

Übungskärtchen

https://t1p.de/rzuq

Es gibt diverse Möglichkeiten, wie Sie die Auswahl der Übung gestalten können. Eventuell fällt Ihrem Kind eine schöne Methode ein, die Sie einfach umsetzen können. Indem sich Ihr Kind mit der Auswahlmethode und den gesuchten Übungen zufrieden zeigt, steht dem Start nichts mehr im Weg. Bevor Sie dann mit dem Training beginnen, sollten Sie die Auswahlmethode vorbereiten. Das heißt, Sie drucken die kleinen Zettel aus und basteln mit Ihrem Kind die Schatzkiste oder Sie schreiben die Liste mit den Übungen. Ihr Kind sollte bereits bei diesen Vorbereitungen einen aktiven Part einnehmen, sodass es mit Stolz das selbstgestaltete Training beginnen kann. [5]

Lernvertrag erstellen (mit Download)

Es gibt Kinder, die sich täglich gegen das Konzentrationstraining wehren werden. Ist Ihre Beziehung zum Kind angespannt und glauben Sie nicht, dass das Training ohne Weiteres funktionieren wird, sollten Sie einen Lernvertrag erstellen. Es handelt sich um einen gewöhnlichen Vertrag, den Sie und Ihr Kind unterschreiben. Im Vertrag halten Sie einige Regeln fest und notieren sich Wünsche, die Sie an Ihr Kind stellen. Zugleich darf Ihr Kind einige Wünsche an Sie stellen. Hier finden Sie eine Vorlage für einen Lernvertrag zum Downloaden. Dafür einfach den QR-Code mit dem Smartphone scannen oder den Link in einem Browser eintippen:

Lernvertrag

https://t1p.de/xcfo

Ein Lernvertrag gibt Sicherheit, denn er enthält feste Regeln und gibt einen Übungsrahmen vor. Beide Seiten müssen sich an die gegenseitigen Vorgaben halten. Mögliche formulierbare Wünsche oder Regeln könnten sein:

- „Ich möchte, dass wir die Konzentrationsübungen ohne Hinauszögern oder Streit machen."
- „Ich möchte, dass du Ablenkungen wie das Smartphone während der Übungen beiseitelegst."
- „Ich möchte, dass du dir bei den Aufgaben Mühe gibst und dein Bestes versuchst."
- „Ich möchte, dass du ruhig bleibst und mich nicht anschreist."
- „Ich möchte, dass du meine Ansichten zu verstehen versuchst und meine Einwände nicht schlecht machst."
- „Ich möchte einen Tag pro Woche / Monat, den ich mir frei aussuchen darf und an dem ich keine Übung machen muss."
- „Ich möchte, dass du während der gesamten Übung bei mir bleibst und nichts anderes erledigst."

Diese oder ähnliche Wünsche helfen dabei, ein gewisses Streitpotenzial aus der Welt zu schaffen. Bei Bedarf können Sie den Lernvertrag jederzeit erneuern oder erweitern, dazu müssen beide Parteien zustimmen. Weiter kann der Lernvertrag weitere Bemerkung beinhalten und den Zeitraum des Einhaltens definieren. Am besten halten Sie zugleich eine Belohnung fest, die Sie gemeinsam ausführen und die beiden Spaß macht. Definieren Sie, wann es die Belohnung gibt und ab welchem Zeitpunkt die Regeln nicht eingehalten wurden. Abschließend unterschreiben Sie und Ihr Kind den Lernvertrag.

Sie sollten regelmäßig eine Besprechung des Lernvertrags einplanen. Das bietet sich an, wenn der vorher definierte Zeitraum zu Ende ist. Dann besprechen Sie gemeinsam, ob beide die Regeln eingehalten haben. Was hat gut funktioniert und wo gibt es Verbesserungspotenzial? Sollten beide zustimmen, dass die Wünsche berücksichtigt und die Regeln eingehalten wurden, folgt eine Belohnung. Hat das nicht geklappt, fällt die Belohnung aus. Auf Bestrafungen sollten Sie beim Lernvertrag verzichten. Anschließend machen Sie einen neuen Vertrag mit neuen Regeln oder ergänzen die alten Regeln. Solche Lernverträge eignen sich auch für den Schulalltag wie beispielsweise für die Hausaufgaben. Sollte es jeden Tag zu Diskussionen wegen nicht erledigter Hausaufgaben kommen, können Sie es mit einem Lernvertrag probieren.

„Solange man selbst redet, erfährt man nichts."

- Marie von Eber-Eschenbach

Die Durchführung & Nachbearbeitung des Konzentrationstrainings

Ihr Kind ist motiviert und möchte mit dem Konzentrationstraining starten? Sie haben die Auswahlmethode der Wochenübung vorbereitet und den Lernplan bereit? Der Lernvertrag ist unterschrieben und Sie sind bereit, die Verbesserung der Konzentrationsfähigkeit gemeinsam mit Ihrem Kind in Angriff zu nehmen? Dann ist es Zeit für den Übungsstart, die Durchführung und die Reflexion.

Der Übungsstart

Es ist wichtig, dass Sie nach der Vorbereitungsphase zeitnah mit dem Konzentrationstraining beginnen. Doch sollte Ihr Kind gerade nicht in der Verfassung sein, weil es stark belastet ist oder viel Stress in der Schule hat, dann dürfen Sie noch einige Tage oder wenige Wochen warten. Es kann gut sein, dass Ihr Kind mitten in einer Prüfungsphase steckt oder gerade Streit mit einem guten Freund oder einer guten Freundin hat. Achten Sie auf Ihr Kind und starten Sie erst, wenn beide bereit sind.

Zum Übungsstart suchen Sie sich gemeinsam mit Ihrem Kind und mit der vorbereiteten Auswahlmethode die erste Wochenübung aus. Sobald die erste Übung gezogen oder gewählt ist, schreiben Sie die Übung in den Lernplan und überlegen sich zusammen, welches Lernziel Ihr Kind bis zum Ende der Woche erreichen möchten. Sollten Sie nicht alle Übungen im Vorfeld vorbereitet haben, lohnt es sich, die Übung jeweils freitags auszusuchen. So haben Sie übers Wochenende genug Zeit, alle für die Übung benötigten Utensilien aufzutreiben und die Übung vorzubereiten. Sie überlegen sich gemeinsam, wo Sie die Übung durchführen möchten. Bei einigen Aufgaben bietet es sich an, sie im Freien zu machen. Für andere Übungen sollte sich Ihr Kind auf das Sofa oder das Bett legen oder genug Bewegungsfreiraum haben. Für die meisten Konzentrationsübungen braucht es einen ruhigen Ort mit einem Tisch und Stuhl, sodass sich Ihr Kind gut auf die Übung fokussieren kann. [5]

Eine weitere sinnvolle Überlegung ist ein gemeinsames Ritual zum Start der Übung. Fragen Sie Ihr Kind, was es vor jeder Konzentrationsphase machen möchte oder ob es bereits eine Methode kennt, um in sich zu gehen. Ein solches Ritual zum Konzentrationsstart wird Ihrem Kind auch in anderen Situationen wie vor einer Prüfung helfen. Eine Variante ist ein **Konzentrationsanker**, den selbst berühmte Persönlichkeiten einsetzen. So stellt sich beispielsweise Cristiano Ronaldo immer breitbeinig hin und geht in sich, bevor er einen Freistoß schießt. Andere mögliche Konzentrationsanker sind:

- Die Augen schließen und zehnmal tief durchatmen.
- Dreimal den Satz „Ich konzentriere mich jetzt!" im Kopf aufsagen.
- Sich im Kopf ein beliebiges Tier vorstellen, das für Stärke, Fokussierung und Ruhe steht.
- Für zehn Sekunden die Zeigefinger auf die Daumen drücken.
- Mit einem Finger das Wort „Konzentration" in die Luft schreiben.

Es gibt noch eine Vielzahl weiterer Möglichkeiten, die als Konzentrationsanker dienen. Für welche Variante Sie und Ihr Kind sich entscheiden, ist egal. Es geht nicht um die Art des Rituals selbst, sondern um die Durchführung des Rituals. Je öfter Ihr Kind diesen Konzentrationsanker vor der Konzentrationsphase benutzt, desto stärker verbindet das Gehirn das Ritual mit der Konzentrationsphase. Das führt dazu, dass sich Ihr Kind immer besser konzentrieren kann, nachdem es das Startritual durchgeführt hat. Das bedeutet, dass es einen Konzentrationsanker aussuchen soll und diesen immer durchführen muss, bevor es in die Konzentrationsphase geht.

Die Durchführung des Trainings

Mittlerweile stehen der Lernvertrag und der Lernplan bereit und die Wochenübung ist ausgesucht. Sie haben gemeinsam ein Startritual eingeführt, einen ruhigen Ort zur Durchführung gewählt und sind startklar für die erste Übung. Achten Sie vor dem Start darauf, dass alles bereitliegt und Ihr Kind beispielsweise ein Glas mit Wasser hat, um Ablenkungen während der Übung zu verhindern. Geschwister dürfen nicht mehr stören und andere Faktoren wie ein auf laut gestelltes Smartphone sollten Sie beseitigen. Zusätzlich brauchen Sie eine Stoppuhr, um die Zeit zu stoppen. Der anschließende Ablauf geht bei jeder Übung gleich:

1. Zuerst führen Sie gemeinsam das Startritual durch. Unterstützen Sie Ihr Kind dabei und machen Sie es mit, damit Ihr Kind das nicht für lächerlich empfindet.
2. Nach dem Startritual schauen Sie sich die Übung nochmals an und überlegen sich, was genau zu tun ist. Bei jüngeren

Kindern ist es ratsam, wenn das Kind mit eigenen Worten nochmals erklärt, was es tun muss. Sie können Verständnisfragen stellen, sodass es zu keinen Missverständnissen kommt. Diese wären besonders ärgerlich, weil Ihr Kind dann die Aufgabe falsch löst.

3. Danach beginnen Sie mit der Übung und führen diese gemeinsam aus.

4. Wenn Sie merken, dass sich Ihr Kind ablenken lässt und die Konzentrationsphase langsam schwindet, bauen Sie eine kurze Pause ein. Danach probieren Sie mit der Übung fortzufahren. Sollte sich Ihr Kind nicht mehr konzentrieren können oder hatte es bereits eine lange Konzentrationsphase, beenden Sie die Übung.

5. Dann füllen Sie gemeinsam den Lernplan aus und besprechen die Übung. Sie kommentieren die Aufgabe und notieren sich die Beobachtungen und Ihr Kind darf eine Einschätzung abgeben sowie das Erledigt-Häkchen setzen.

Bedenken Sie besonders bei der Zeit, dass die Konzentrationsphase bei Kindern gering ist. Je nach Kind erstreckt sie sich zwischen 5 und 30 Minuten. Die von Erwachsenen als normal angesehene Konzentrationsphase von 45 Minuten können Sie erst bei Jugendlichen erwarten. Deshalb macht es nichts, sollte die Übung die ersten Tage bereits nach fünf bis zehn Minuten beendet sein. Sollten Sie bei der Übung feststellen, dass die Aufgabe überhaupt nicht funktioniert und Ihr Kind große Schwierigkeiten oder keine Lust mehr hat, dürfen Sie die Wochenübung auch wechseln. In solchen Momenten sollten Sie Frust verhindern und besser zu einer einfacheren oder geeigneteren Aufgabe greifen. Ist das definierte Lernziel zu hochgesteckt, bemerken Sie das meist erst nach dem ersten oder zweiten Übungstag. Dann liegt es an Ihnen, zusammen mit Ihrem Kind das Lernziel nochmals zu überarbeiten. Sagen Sie Ihrem Kind aber nicht, dass es das Ziel niemals erreichen wird, sondern dass Sie einen Fehler gemacht haben. Müssen Sie das Lernziel anpassen, liegt das nicht an den schwachen Fähigkeiten Ihres Kindes, sondern an Ihrer Fehleinschätzung. Machen Sie das dem Kind klar, damit es sich nicht als Versager sieht. Hauptsache ist, dass Sie bei Problemen sofort reagieren, um die Lernmotivation Ihres Kindes hochzuhalten. [5]

Die Reflexion

Als Erwachsene rekapitulieren wir unseren Tag oft, schätzen fortlaufend unsere Leistung ein und überlegen uns, wo wir uns verbessern können. Diese Art der Reflexion ist ebenso für Kinder wichtig, doch wird sie in der Schule und im Alltag zu wenig gelehrt. Wenn Ihr Kind nicht lernt, rückblickend seine Leistung zu beurteilen, kann es sich nicht auf die Verbesserungen fokussieren. Deshalb sollten Sie mit Ihrem Kind regelmäßig einen Rückblick machen. Fragen Sie Ihr Kind nach jedem Trainingstag, wie es die Übung empfunden hat und welches Gefühl es hatte. Ist ihm die Übung gut gelungen? Was war schwierig? Weshalb hat es sich ablenken lassen? Nach der eigenen Reflexion dürfen Sie ihm ein Feedback geben und Ihre Eindrücke schildern, doch dabei niemals die positiven Aspekte vergessen. Dieselbe Reflexion führen Sie durch, bevor Sie am Ende der Woche die Übung wechseln. Ihr Kind soll seine Meinung preisgeben und sagen, ob es das Lernziel in seinen Augen erreicht hat. Wie ist die Woche gelaufen? Wo konnte es eine Verbesserung feststellen? Was gestaltet sich weiterhin schwierig und wo hat das Kind noch

Probleme? Bedenken Sie immer, dass Sie erst nach der Selbstreflektion des Kindes Ihre Meinung offenbaren. Es gibt Kinder, die gern die Meinung der Eltern übernehmen und Ihnen nur alles nachschwatzen. Doch das Ziel der Reflexion ist, dass Ihr Kind lernt, sich selbst einzuschätzen und seine Leistung realistisch zu betrachten. Sollte das Kind von sich behaupten, dass das Lernziel nicht erreicht wurde und Sie die Meinung teilen, können Sie die Übung eine weitere Woche durchführen. Aber nur, wenn Ihr Kind dazu bereit ist und sein Einverständnis gibt.

Als Eltern sollten Sie bei der Reflexion beachten, dass jeder sein größter Kritiker ist. Besonders jüngere Kinder neigen dazu, sich schlechter einzuschätzen, als sie wirklich sind oder waren. Sie haben gelernt, sich eher etwas schlechter einzuschätzen, als überheblich zu sein. Hier ist es besonders wichtig, dass Sie bei einer Fehleinschätzung intervenieren. Junge Kinder haben oft Mühe bei der Selbstreflexion, sodass Sie mit realistischen Beispielen aufzeigen sollten, dass Ihr Kind besser war, als es denkt. Meint es zum Beispiel, dass es die Übung überhaupt nicht konnte und seine Konzentrationsfähigkeit nicht verbessert hat, so zeigen Sie den Lernplan und die Steigerung, die es in einer Woche geschafft hat. Zelebrieren Sie neue Rekorde und loben Sie Ihr Kind für Erfolge. Selbst wenn es eine Steigerung von nur einer Minute gegen Ende der Woche ist, bedeutet das eine Verbesserung. Motivieren Sie Ihr Kind und zeigen Sie ihm auf, dass es nicht zu kritisch sein soll.

99

„Achtsamkeit bedeutet, dass wir ganz bei unserem Tun verweilen, ohne uns ablenken zu müssen."

- Dalai Lama

99

Das Wichtigste aus dem Kapitel

- Wenn Sie als Eltern ein Konzentrationsproblem bei Ihrem Kind feststellen, muss Ihr Kind ebenso die Erkenntnis haben, sonst wird es keinen Grund zur Veränderung haben.

- Das Kind muss den Willen haben, seine Konzentrationsfähigkeiten zu verbessern. Das erreichen Sie, indem Sie die Vorteile einer verbesserten Konzentrationsfähigkeit aufzeigen, den Nutzen des Trainings erläutern und kindgerecht argumentieren.

- Ist Ihr Kind bereit für das Konzentrationstraining, verändern Sie gemeinsam die äußeren und inneren Einflüsse, sodass Ihr Kind sich beispielsweise gesünder ernährt, sich mehr bewegt oder genug schläft.

- Fragen Sie die Lehrperson nach Unterstützung, binden Sie Verwandte ins Training ein und seien Sie sich bewusst, dass Sie die priorisierte Hilfsperson und ein Vorbild sind, die jedes tägliche Training gemeinsam mit dem Kind macht.

- Zur Vorbereitung des Konzentrationstrainings erstellen Sie gemeinsam mit Ihrem Kind einen Lernplan und bei Bedarf auch einen Lernvertrag. Beide Mittel dienen zur Orientierung und bieten einen Rahmen, um das Konzentrationstraining zuverlässig und erfolgreich durchzuführen.

- Sie suchen sich gemeinsam verschiedene Konzentrationsübungen aus, sodass Sie etwa 40 bis 50 verschiedene Übungen bereit haben. Je größer die Auswahl ist, desto vielfältiger und spannender bleibt das Training, was die Motivation Ihres Kindes erhöht. Zugleich überlegen Sie gemeinsam eine Trainingsform zur Auswahl der Wochenübung, die Ihrem Kind Spaß macht.

- Für den Übungsstart sollten alle Materialien wie der Lernplan, der Lernvertrag, die Wochenübung und die für die Übung benötigten Utensilien bereit sein. Dann überlegen Sie zusammen mit Ihrem Kind ein Startritual, das in Zukunft als Konzentrationsanker dient.

- Wenn alles bereit ist und Ihr Kind das Ritual durchgeführt hat, starten Sie mit der ersten Übung. Ihr Kind sollte stets wissen, was zu tun ist. Sie stoppen die Zeit und achten darauf, dass Ihr Kind nicht abgelenkt wird.

- Dauert die Konzentrationsphase einige Zeit an oder mag sich Ihr Kind trotz einer Pause nicht mehr konzentrieren, beenden Sie die Übung. Dann folgt eine kurze Reflexion, sodass Sie einen Kommentar in den Lernplan schreiben und Ihr Kind eine Bewertung abgeben darf.

- Die Reflexionen sollten nach jeder Übung und nach jeder Woche erfolgen, damit Ihr Kind lernt, seine Leistung realistisch einzuschätzen. Es soll bemerken, wo es sich steigern konnte und was ihm weiterhin schwerfällt. Zugleich können Sie Ihr Kind loben, Rekorde sowie Fortschritte aufzeigen und das Erreichen des Lernziels kommentieren.

KAPITEL 4
Effektive Konzentrationsübungen

D as Kapitel hält einige Übungen für Sie bereit, die sich gut zum Einbinden in das Konzentrationstraining eignen. Die verschiedenen Aufgaben sind in vier Kategorien aufgeteilt, so gibt es Konzentrationsübungen fürs Gedächtnis, zum Nachdenken, mit Bewegung und für alle Sinne. Wichtig ist, dass Sie aus allen Kategorien einige Übungen aussuchen. Einerseits fördert eine gute Abwechslung die Motivation Ihres Kindes und andererseits sorgt die Vielfalt dafür, dass jeder Lerntyp angesprochen wird. Abschließend folgen noch einige Achtsamkeits- und Entspannungsübungen. Einige davon lassen sich gut ins Training einbeziehen, andere sind eher als Zusatz gedacht, um das Training abzuschließen oder sie im Alltag zu integrieren. Natürlich können Sie selbst auch noch einige Übungen erfinden oder zusätzlich suchen. [5, 10]

Konzentrationsübungen fürs Gedächtnis

Das Gedächtnis ist ein beeindruckendes Konstrukt und das Gehirn wohl das schnellste und größte Speichermedium überhaupt. Die besten Computer schaffen es nicht, dieselbe Menge an Informationen wie das Gehirn zu verarbeiten und zu speichern – bei Weitem nicht. Doch damit Sie oder Ihr Kind sich etwas merken können, braucht es viel Konzentration. Erst durch die Fokussierung gelingt es, Zahlen, eine Geschichte oder Wörter im Kopf zu behalten. Einige haben ein beeindruckendes Gedächtnis und haben mithilfe verschiedener Methoden gelernt, sich sehr viele Zahlen oder Details zu behalten. Kinder müssen ihre Gedächtnisfähigkeiten erst noch aufbauen. Eine gute Möglichkeit zur Förderung des Gedächtnisses und der Konzentration sind folgende Übungen:

Wie viele Buchstaben oder Wörter?

Altersempfehlung: ab der 2. Klasse
Material:

- Kurze Geschichte aus einer Zeitung, einer Zeitschrift oder einem Buch
- Papier und Stift

Ablauf:

Sie nennen dem Kind einen Buchstaben wie „A" oder ein Wort wie „Das". Anschließend lesen Sie den bereitgestellten Artikel oder die kurze Geschichte laut und langsam vor. Das Kind zählt mit, wie oft der genannte Buchstabe oder das genannte Wort im

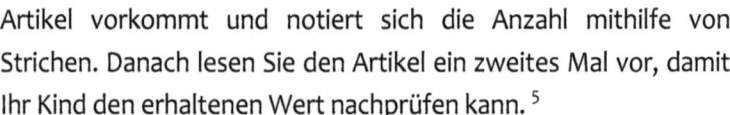

Artikel vorkommt und notiert sich die Anzahl mithilfe von Strichen. Danach lesen Sie den Artikel ein zweites Mal vor, damit Ihr Kind den erhaltenen Wert nachprüfen kann. [5]

Steigerungsmöglichkeiten:

Die Übung lässt sich steigern, indem Sie einen längeren Artikel aussuchen. So muss sich Ihr Kind länger auf die Geschichte konzentrieren. Später ist es möglich, den Stift und das Papier wegzulassen, sodass das Kind das Wort oder den Buchstaben im Kopf mitzählen muss. Eine weitere Steigerungsmöglichkeit wäre, dem Kind mehrere Wörter oder zwei Buchstaben zum Merken zu nennen.

Tipp:

Die Konzentrationsübung ist sehr komplex, denn das Kind muss sich auf zwei Dinge gleichzeitig konzentrieren. Einerseits muss es der Geschichte folgen und genau auf den Buchstaben oder das Wort achten, andererseits muss es die Anzahl im Kopf behalten oder mit dem Stift die Striche machen. Das erfordert eine große Anstrengung des Gehirns und Kinder mit Konzentrationsproblemen werden zu Beginn große Schwierigkeiten haben. Um Frust zu verhindern, ist es ratsam, zuerst mit einem oder zwei Sätzen zu beginnen und die Länge des Artikels langsam zu steigern.

Was ist passiert?

Altersempfehlung: ab dem Kindergarten
Material:

- Ein Bilderbuch oder eine Geschichte

Ablauf:

Sie schauen gemeinsam mit Ihrem Kind ein Bilderbuch an oder lesen Ihrem Kind eine Geschichte vor. Anschließend stellen Sie Fragen zu den Bildern oder zum Inhalt der Geschichte. [5]

Mögliche Fragen könnten sein:

- Wie sieht die Hexe aus?
- Wo steht das Haus der Hexe?
- Was war alles im Haus der Hexe?
- Welche Farbe hat der Rock von Gretel?
- Weshalb hat die Hexe den Hänsel gefüttert?
- Wie sind die Kinder der Hexe entkommen?

Steigerungsmöglichkeiten:

Zu Beginn sollten die Fragen offen sein, sodass jedes Kind eine passende Antwort liefern kann. Später dürfen die Fragen spezifischer werden, damit Ihr Kind dem Inhalt gut folgen muss. Bei älteren Kindern ist es möglich, dass sie die Geschichte selber lesen oder die Bilder selber anschauen. Je länger die Geschichten werden, desto schwieriger ist es, sich den Inhalt im Detail zu merken.

Tipp:

Hier ist es ratsam, den Lerntyp zu berücksichtigen. Bei visuellen Lerntypen funktioniert die Übung mit einem Bilderbuch besser, während sich auditive Lerntypen die Geschichte beim Vorlesen besser merken können. Wichtig ist es, die Schwierigkeit der Fragen und die Länge des Textes dem Können des Kindes anzupassen. Bei jüngeren Kindern im Kindergarten oder in der ersten Klasse reichen ein bis drei Bilder aus. Kinder ab zwölf Jahren schaffen es, sich eine mehrseitige Geschichte zu merken.

Merk dir alle Objekte!

Altersempfehlung: ab der 1. Klasse
Material:

- Ein detailliertes Bild mit vielen Gegenständen und Objekten
- Eine kurze Geschichte

Ablauf:

Sie zeigen Ihrem Kind ein Bild aus einem Buch oder aus einer Zeitschrift. Es hat 30 bis 60 Sekunden Zeit, sich das Bild einzuprägen. Anschließend wird das Bild abgedeckt und Sie lesen eine kurze Geschichte vor. Die Geschichte dient einzig dazu, das Kind zu verwirren. Nach der Geschichte soll Ihr Kind alle Objekte und Gegenstände des Bildes aufzählen oder aufschreiben, an die es sich noch erinnern kann. [5]

Steigerungsmöglichkeiten:

Bei der Übung sind mehrere Steigerungen möglich. So lässt sich die Betrachtungszeit des Bildes verringern. Je weniger Zeit das Kind zum Betrachten hat, desto schwieriger gestaltet sich das Einprägen. Eine andere Steigerungsmöglichkeit ist, die anschließende Geschichte zu verlängern. Je mehr Zeit zwischen dem Merken und dem anschließenden Aufzählen vergeht, desto schwieriger wird die Aufgabe. Eine letzte Möglichkeit wäre, zwei Bilder zu zeigen. Nach der Geschichte bestimmen Sie, welches Bild Ihr Kind beschreiben muss.

Tipp:

Der kniffligste Punkt der Übung ist die Geschichte, die zwischen dem Merken und dem Aufzählen erfolgt. Hat Ihr Kind große Schwierigkeiten, das Gemerkte so lange im Kopf zu behalten, sollten Sie zuerst auf die Geschichte verzichten. Mit attraktiven und bekannten Bildern ist es für Ihr Kind einfacher, sich die Gegenstände zu merken. Ein Bild von einem Klassenzimmer hat mehr bekannte und leicht zu merkende Objekte, als wenn das Bild einen Wald mit lauter Bäumen zeigt.

Ich packe meinen Koffer

Altersempfehlung: ab dem Kindergarten

Ablauf:

Sie sagen den Satz: „Ich packe meinen Koffer und nehme ... mit." Bei den Punkten dürfen Sie sich irgendein Objekt wie beispielsweise einen Ball, einen Elefanten, einen Apfel oder eine Brille einfallen lassen. Anschließend wiederholt Ihr Kind den Satz, doch sagt zuerst Ihren Begriff und danach darf es ein eigenes Objekt zum Mitnehmen aussuchen. Das Spiel geht so weiter und immer muss die Person zuerst alle anderen Objekte wiederholen, bevor es ein eigenes Objekt hinzufügen darf. So entsteht eine Aufzählung wie: „Ich packe meinen Koffer und nehme einen Elefanten, eine Pizza, ein Smartphone, einen Liegestuhl und einen Fußball mit." [5]

Steigerungsmöglichkeiten:

Das Spiel selbst ist eine stetige Steigerung. Zuerst kann sich das Kind vielleicht nur fünf Objekte merken, bevor es einen Fehler macht und dann beginnt das Spiel von vorne. Später können es 20 oder 30 Objekte sein, die sich Ihr Kind merken kann. Eine weitere Steigerungsmöglichkeit wäre, ein Adjektiv zum Objekt zu nennen wie zum Beispiel einen gelben Ball, einen schwarzen Elefanten oder einen gepunkteten Apfel.

Tipp:

Die genannten Objekte müssen nicht real sein, denn niemand nimmt einen Elefanten mit in einen Koffer. Doch solche fantasievollen Begriffe machen das Spiel lustiger und erhöhen den Spaßfaktor. Ein Tipp, damit sich Ihr Kind die Begriffe besser merken kann, ist eine kleine Geschichte zu den Begriffen zu erfinden. Es soll die Wörter verbinden und in einen sinnvollen Zusammenhang bringen, damit sie besser im Kopf bleiben. Auf den Beispielsatz bezogen könnte die Verbindung der Wörter wie folgt lauten: „Der Elefant hat Hunger und bestellt sich eine Pizza, doch anstelle der Pizza befindet sich ein Smartphone im Karton. Damit legt sich der Elefant im Freien auf den Liegestuhl und spielt darauf Fußball."

Wegbeschreibung für Fremde

Altersempfehlung: ab der 3. Klasse
Material:

- Ein Blatt und ein Stift

Ablauf:
Ihr Kind soll eine schriftliche Wegbeschreibung erstellen. Der Weg kann beispielsweise von zu Hause in die Schule oder zu den Großeltern sein. Es sollte in Weg sein, den Ihr Kind öfters läuft und gut kennt. Das Ziel ist, dass eine fremde Person anhand der Wegbeschreibung den richtigen Weg findet. [5]

Steigerungsmöglichkeiten:
Mit der Zeit ist es möglich, den ersten Entwurf immer weiter auszubauen. Das Kind soll Objekte, Häuser oder andere Merkmale hinzufügen, die für den jeweiligen Wegpunkt speziell sind. Vielleicht gibt es gefährliche Stellen, wo besondere Vorsicht gefragt ist oder ein Freund wohnt in einem Haus an der Weg-kreuzung. Solche zusätzlichen Details in der Wegbeschreibung

lassen sie ausführlicher erscheinen und Ihr Kind muss sich stärker konzentrieren, um die kleinsten Besonderheiten wahrzunehmen.

Tipp:

Für die Übung muss Ihr Kind bereits sicher im Schreiben und im Ausdruck sein. Es muss wissen, wo links und wo rechts ist und wie die verschiedenen Straßenelemente wie Kreuzung, Ampel oder Kreisverkehr heißen. Sollte die Aufgabe in schriftlicher Form zu schwierig sein, darf Ihr Kind eine Karte zeichnen. Auch da lassen sich zusätzliche Objekte und Merkmale hinzumalen.

Immer mehr Zahlen!

Altersempfehlung: ab der 1. Klasse
Material:

- Papier und Farbstifte

Ablauf:

Sie sagen Ihrem Kind drei verschiedene Zahlen. Es sollten Zahlen sein, die Ihr Kind schon kennt und in der Schule gelernt. Zum Beispiel gegen Ende der ersten Klasse nur bis maximal zur Zwanzig. Ihr Kind soll die Zahlen aufschreiben und schön gestalten, sodass es sich die Zahlen gut merken kann. Am nächsten Tag muss es Ihnen die drei Zahlen – ohne aufs Blatt zu schauen – sagen und Sie ergänzen sie mit drei weiteren Zahlen, die Ihr Kind wiederum auf das Blatt schreiben und gestalten soll. So geht es die ganze Woche weiter, bis Ihr Kind am Ende eine ganze Zahlenkette hat, die es am Stück aufsagen kann. [11]

Steigerungsmöglichkeiten:

Die Anzahl der Zahlen lässt sich steigern, sodass aus drei zu merkenden Zahlen plötzlich fünf oder sechs pro Tag werden. Bei älteren Kindern dürfen es schwierigere Zahlen im Tausender oder Zehntausender Bereich sein. Fragen Sie Ihr Kind zusätzlich beim Mittagessen oder beim Frühstück nach den Zahlen aus, um zu sehen, ob es sie immer präsent hat.

Tipp:

Der gestalterische Aspekt der Zahlen ist für den visuellen Lerntyp wichtig. Indem Ihr Kind die Zahlen aufschreibt, ausmalt und verziert, kann es sie besser merken. Beim auditiven Lerntyp bietet es sich an, die Zahlen zusätzlich mehrmals laut aufzusagen. Der haptische Lerntyp könnte die Zahlen noch pantomimisch darstellen oder die Anzahl hüpfen. Hauptsache, das Kind hat die Zahlen im Kopf und sie bleiben im Gedächtnis.

Aneinanderreihung von Wörtern

Altersempfehlung: ab der 1. Klasse
Material:

- Eventuell einen Duden

Ablauf:

Sie sagen ein Wort, das aus zwei Wörtern besteht wie beispielsweise Schulzimmer, Märchenbuch, Wasserball oder Blumentopf. Ihr Kind muss anschließend ein neues Wort bilden, das mit dem Ende Ihres Wortes beginnt. So wird aus dem Klassen**zimmer** zum Beispiel ein **Zimmer**mann oder aus dem Wasser**ball** wird

Ballspiel. Die Übung geht abwechslungsweise weiter, sodass eine lange Wortkette entsteht. Wichtig ist, dass es die Wörter in der deutschen Sprache gibt. [5]

Steigerungsmöglichkeiten:

Eine Steigerungsmöglichkeit wäre, wenn das Wort aus drei zusammengesetzten Wörtern wie zum Beispiel Wasserballspiel oder Blumentopferde bestehen muss. Ihr Kind muss für sein eigenes Wort weiterhin nur das Ende Ihres Wortes benutzen, doch das neue Wort muss wieder aus drei Wörtern bestehen. So entsteht beispielsweise aus dem Wasserball**spiel** das Wort **Spiel**feldlinie.

Tipp:

Kinder mit Migrationshintergrund oder einem geringen Wortschatz tun sich bei der Übung schwer, denn ihnen fehlt das Hintergrundwissen. Hier lohnt es sich manchmal, einen Duden zur Hand zu haben und einige passende Wörter nachzuschlagen. Wenn dem Kind nichts einfällt, können Sie mögliche Wörter nennen und Ihr Kind darf eines aussuchen. Kinder ab der zweiten Klasse schaffen es manchmal auch selbst, geeignete Wörter im Duden nachzuschlagen. Das ist zugleich eine gute Übung, um sich mit Nachschlagewerken vertraut zu machen.

Memory

Altersempfehlung: Ab dem Kindergarten
Material:

- Gekauftes Memory
- Oder einige gleiche Bilder ausdrucken und ausschneiden

Ablauf:
Sie legen Bildpaare verdeckt auf den Tisch und mischen sie gut durch. Anschließend darf Ihr Kind zwei Bilder umdrehen. Sind sie gleich, darf es das Bildpaar behalten und zwei weitere Bilder umdrehen. Ist auf den zwei Bildern nicht dieselbe Abbildung, muss es sie wieder umdrehen und Sie sind an der Reihe. So geht das Spiel weiter, bis alle Bildpaare aufgedeckt sind. Wer am Schluss mehr Bildpaare hat, hat das Spiel gewonnen.

Steigerungsmöglichkeiten:
Je mehr Bildpaare auf dem Tisch liegen, desto schwieriger ist das Spiel. Im Kindergarten reichen etwa zehn Bildpaare, später dürfen es bis zu dreißig oder mehr sein. Alternativ lässt sich das Memory um ein Bildkärtchen erweitern, sodass immer drei Bilder vorhanden sind, die Ihr Kind finden muss. Es gibt auch Memorys, die nicht exakt dasselbe Bild abgedruckt haben. Stattdessen stehen die zwei Bilder zueinander in einer Beziehung. So besteht ein Bildpaar beispielsweise aus einem Schwein und einem Bauernhof oder aus einem Zug und einer Schiene.

Tipp:

Zu Beginn hilft es Ihrem Kind, wenn die Kärtchen oder Bilder strukturiert auf dem Tisch liegen, sodass es sich die Position besser merken kann. Später dürfen sie unstrukturiert auf dem Tisch liegen. Bei jüngeren Kindern ist es wichtig, die Anzahl der Bildpaare langsam zu steigern. Und Vorsicht, lassen Sie ältere Kinder nicht absichtlich gewinnen. Merkt das Kind, dass Sie es gewinnen lassen, ist es schnell beleidigt und will nicht mehr spielen.

Alphabet im Schlaf

Altersempfehlung: ab der 3. Klasse
Material:

- Eventuell ein Stift und ein Papier

Ablauf:

Ihr Kind soll das Alphabet zuerst wie gewohnt von A bis Z aufsagen. Danach muss es die Buchstaben in umgekehrter Reihenfolge aufsagen, also von Z beginnend bis A. Sie überprüfen, ob die Reihenfolge stimmt. [5]

Steigerungsmöglichkeiten:

Anhand der Geschwindigkeit lässt sich die Schwierigkeit erhöhen, sodass das Kind immer schneller und schneller werden sollte. Wem das verkehrte Alphabet gut gelingt, kann probieren, jeweils einen oder zwei Buchstaben auszulassen. So wird aus Z, Y, X, W, V, ... dann beispielsweise Z, X, V, ... Eine andere Steigerungsmöglichkeit wäre, jeweils den ersten und dann den letzten

Buchstaben zu nennen und so fortzufahren, also zum Beispiel A, Z, B, Y, C, X, ...

Tipp:

Für einige Kinder ist es sinnvoll, das Alphabet aufzuschreiben. Dann können Sie alle Buchstaben mit einem Papier abdecken. Sobald Ihr Kind einen Buchstaben richtig nennt, decken Sie diesen Buchstaben auf. Dadurch kann das Kind die bereits genannten Buchstaben sehen. Sollte Ihr Kind noch große Schwierigkeiten haben, das Alphabet richtig herum aufzusagen, sollten Sie das zuerst gut festigen.

Konzentrationsübungen zum Nachdenken

Unsere Konzentration ist erhöht, wenn wir uns Dinge merken müssen. Doch genauso fokussiert sind wir, wenn wir nachdenken müssen. Das kennen Sie beispielsweise, wenn Sie eine Einkaufsliste schreiben und genau überlegen müssen, was noch vorhanden ist und was Sie kaufen müssen. Auch für die Steigerung der Konzentrationsfähigkeit ist es förderlich, wenn die Kinder einige Aufgaben zum Nachdenken erhalten. Besonders für Kinder, die Schwierigkeiten beim Merken haben, sind folgende Übungen zum Nachdenken eine gelungene Abwechslung:

Kannst du buchstabieren?

Altersempfehlung: ab der 2. Klasse

Material:

- Stift und Papier

Ablauf:

Sie sagen Ihrem Kind ein Wort und es soll das Wort buchstabieren. Wenn es das Wort von vorne nach hinten richtig buchstabiert hat, soll es das Wort rückwärts buchstabieren. [5]

Steigerungsmöglichkeiten:

Je länger und je komplizierter die Wörter sind, desto schwieriger wird es für Ihr Kind. Das Wort Haus zu buchstabieren, ist beispielsweise einfacher als die Wörter Elektrizität oder Schlittenhunderennen. Mit der Zeit dürfen Sie auch kurze Sätze

nennen, die Ihr Kind vorwärts und rückwärts buchstabieren muss.

Tipp:

Kinder in der 2. Klasse beginnen erst, die grammatikalischen Regeln im Unterricht zu lernen. Deshalb kann es sein, dass sie beim Buchstabieren noch viele Fehler bei Wörtern mit beispielsweise einem Doppelkonsonanten, Doppelvokal, IE, CK, CH, SCH oder einem stummen H machen. Wörter wie Re**nn**en, H**aa**r, L**ie**be, E**ck**e, El**ch**, **Schnee** oder Leh**r**er sind deshalb schwieriger. Passen Sie die Schwierigkeit der Wörter den Fähigkeiten Ihres Kindes an, denn es ist nicht das Ziel, dass Sie ihm zuerst noch die grammatikalischen Regeln erklären müssen. Visuellen Lerntypen hilft es, wenn sie das Wort zuerst aufschreiben dürfen. Danach lesen sie das Wort, decken es ab und buchstabieren es.

Geschichten nach dem Alphabet

Altersempfehlung: ab der 2. Klasse
Material:

* Eventuell das auf einem Blatt aufgeschriebene Alphabet

Ablauf:

Sie und Ihr Kind erfinden eine Geschichte, dazu dürfen Sie und Ihr Kind abwechslungsweise einen Satz sagen. Die einzige Vorgabe ist, dass das Anfangswort des Satzes mit dem jeweils nächsten Buchstaben im Alphabet beginnt. Die Geschichte ist vorbei, wenn der letzte Satz mit einem Z beginnt. [5]

Die Geschichte könnte beispielsweise wie folgt lauten:

„**A**m Wochenende will Tim seine Großeltern besuchen. **B**ei Oma und Opa darf er oft auf Instrumenten spielen. **C**ello ist sein Lieblingsinstrument, doch auch das Piano oder die Flöte gefallen ihm gut. **D**as Musizieren mit den Großeltern macht ihm großen Spaß."

Steigerungsmöglichkeiten:

Anstelle das Sie jeden zweiten Satz übernehmen, soll Ihr Kind die komplette Geschichte allein erfinden. Eine weitere Steigerungsmöglichkeit wäre, wenn Sie die genannten Wörter jeweils aufschreiben und Ihr Kind diese Wörter bei einer Wiederholung der Übung nicht mehr benutzen darf.

Tipp:

Auch hier bietet es sich an, wenn einige Kinder die einzelnen Sätze aufschreiben dürfen. Das hilft ihnen, die Reihenfolge visuell zu betrachten und es ist zugleich eine Schreibübung. Jüngere Kinder sollten das aufgeschriebene Alphabet auf dem Tisch haben. Kommen dem Kind bei einigen schwierigen Buchstaben wie X, C, J oder Q keine Wörter in den Sinn, können Sie vor der Übung gemeinsam einige Wörter suchen und aufschreiben.

Vom Wort zum Satz

Altersempfehlung: ab der 2. Klasse
Material:

- Stift und Papier

Ablauf:

Sie sagen oder schreiben Ihrem Kind ein Wort auf. Anschließend muss Ihr Kind mit den einzelnen Buchstaben Ihres Wortes einen Satz bilden. Jedes Wort des Satzes sollte mit den Buchstaben Ihres Wortes beginnen. [5] Aus dem Wort **Hals** könnte beispielsweise der Satz entstehen: „**H**ans **a**rbeitet **l**ieber **s**chnell."

Steigerungsmöglichkeiten:

Sehr kurze oder sehr lange Wörter machen die Übung schwieriger. Je weniger Vokale und je mehr seltene Konsonanten vorkommen, desto komplizierter wird es für Ihr Kind, einen sinnvollen Satz zu erstellen.

Tipp:

Bevor Kinder sinnvolle Sätze bilden können, müssen sie den Aufbau von deutschen Sätzen verstehen. Es muss ihnen klar sein, dass ein einfacher Satz mit einem Subjekt (Wer) beginnt und anschließend ein Verb folgt. Das vereinfacht ihnen die Übung. Hat das Kind Schwierigkeiten mit der Übung, sollten Sie das vorgegebene Wort aufschreiben und gemeinsam mit dem Kind einige passende Wörter suchen. Manchmal lohnt es sich, ein Auge zuzudrücken, wenn der Satz ein wenig sinnlos erscheint.

Endlose Fantasiegeschichten

Altersempfehlung: ab der 1. Klasse

Material:

- Stift und Papier

Ablauf:

Sie und Ihr Kind erfinden eine Geschichte. Um die Geschichte zu verlängern, dürfen Sie und Ihr Kind immer abwechslungsweise ein Wort dazu erfinden. Ähnlich wie bei „Ich packe meinen Koffer" muss immer der komplette Satz oder die komplette Geschichte wiederholt werden. [5] Ein Beispiel wäre:

„Anna", „Anna schreibt", „Anna schreibt gern", „Anna schreibt gern lange", „Anna schreibt gern lange Gedichte", „Anna schreibt gern lange Gedichte, weil", „Anna schreibt gern lange Gedichte, weil sie" …

Steigerungsmöglichkeiten:

Vor der Übung könnten Sie sich gemeinsam mit Ihrem Kind drei bis sechs Wörter überlegen, die in der Geschichte vorkommen müssen. Diese Wörter sollten möglichst nicht zusammenpassen, sodass das Kind sich überlegen muss, wie es die drei Wörter in einer Geschichte unterbringen kann. Alternativ erhöhen Sie den Schwierigkeitsgrad, indem die Übung beim kleinsten Fehler von vorne beginnt. So muss sich Ihr Kind stärker konzentrieren, um keinen Fehler zu machen.

Tipp:

Hat Ihr Kind große Schwierigkeiten, sollte es die Wörter jeweils aufschreiben, sodass es sich die Sätze besser merken kann. Doch sobald es ums Wiederholen und Ergänzen geht, nehmen Sie das Blatt weg oder drehen es um. Zu Beginn ist es ratsam, mehrere und kurze Geschichten zu erfinden. Ist die Geschichte bereits bei der ersten Übung zu lang, wird Ihr Kind mehr Fehler machen.

Findest du die Fehler?

Altersempfehlung: ab dem Kindergarten
Material:

- Zwei Abbildungen, die mit Ausnahme kleiner Abweichungen identisch sind (im Internet gibt es diverse Vorlagen in Farbe oder Schwarz-Weiß)
- Farbstift

Ablauf:

Sie legen die zwei Abbildungen hin und sagen Ihrem Kind, wie viele Fehler sich eingeschlichen haben. Anschließend soll Ihr Kind die Fehler suchen und mit dem bunten Stift markieren. [5]

Steigerungsmöglichkeiten:

Je detailreicher die Abbildungen und je kleiner die Fehler sind, desto schwieriger wird es für Ihr Kind. Eine zusätzliche Steigerung ist möglich, indem Sie die Zeit stoppen und Ihr Kind die Fehler unter Zeitdruck suchen muss.

Tipp:

Passen Sie die Schwierigkeit dem Kind an, so dürfen die Abbildungen für Kindergartenkinder deutlich einfacher sein als zum Beispiel für Kinder der sechsten Klasse. Die Zeit sollten Sie nur bei Kindern stoppen, die nicht unter Prüfungsangst leiden. Andernfalls könnte der zusätzliche Zeitdruck zu einer Blockade führen, sodass sich das Kind nicht mehr konzentrieren kann.

Erde, Luft und Wasser

Altersempfehlung: ab dem Kindergarten
Material:

- Eventuell ein Stift und ein Papier

Ablauf:

Sie suchen sich zwischen Erde, Luft und Wasser ein Element aus. Anschließend zählen Sie und Ihr Kind abwechslungsweise Tiere auf, die im genannten Element leben. Bei Wasser könnte das beispielsweise ein Fisch, ein Wal oder ein Delfin sein. Das Element Luft gehört zur Eule, zum Adler oder zum Storch. Dagegen lebt der Elefant, der Hund oder die Katze im Element der Erde. Ziel ist es, möglichst viele Tiere zum jeweiligen Element zu nennen, ohne dass ein Tier doppelt vorkommt. [5]

Steigerungsmöglichkeiten:

Tiere in der Luft zu nennen, ist für Ihr Kind deutlich schwieriger als beispielsweise Tiere des Elements der Erde. Deshalb können Sie den Schwierigkeitsgrad anhand des gewählten Elements steigern. Eine weitere Möglichkeit wäre, dass Ihr Kind nur Tiere mit einem bestimmten Buchstaben sagen darf. Das lässt sich gut mit an Land lebenden Tieren verbinden.

Tipp:

Damit es zu keinen Doppelnennungen kommt, sollten Sie oder Ihr Kind die genannten Tiere aufschreiben. Das ermöglicht es zusätzlich, am nächsten Tag bei der bereits erstellten Liste weiterzuarbeiten und noch mehr Tiere vom jeweiligen Element zu suchen. Sollten Ihrem Kind keine Tiere mehr einfallen, dürfen Sie ihm mit Beschreibungen eines neuen Tieres helfen. Ihr Kind soll dann erraten, an welches Tier Sie denken.

Was oder wer bin ich?

Altersempfehlung: ab der 2. Klasse
Material:

- Kleine und klebende Notizzettel
- Stifte

Ablauf:

Sie überlegen sich ein Genre wie Tiere, bekannte Persönlichkeiten, Länder, Lebensmittel oder Gegenstände. Anschließend suchen Sie und Ihr Kind sich jeweils einen Begriff zum gewählten Genre aus. Bei den Tieren könnte es eine Schildkröte, bei bekannten Persönlichkeiten könnte es Justin Bieber und bei den Gegenständen könnte es ein Esstisch sein. Jeder schreibt den überlegten Begriff auf einen Notizzettel. Anschließend kleben Sie Ihren Zettel Ihrem Kind auf die Stirn, ohne dass es den Begriff sieht. Dasselbe macht Ihr Kind, sodass Sie einen Zettel auf der

Stirn haben, ohne den Begriff zu wissen. Danach stellen Sie sich abwechslungsweise Fragen zum Begriff, um ihn herauszufinden. Es dürfen nur Fragen sein, die sich mit „Ja" oder „Nein" beantworten lassen. Ziel ist es, dass Sie und Ihr Kind die jeweiligen Begriffe auf der Stirn mit Nachfragen herausfinden. [5]

Steigerungsmöglichkeiten:

Die Schwierigkeit lässt sich gut anhand der Wörter und des gewählten Genres erhöhen. Die Themen Tiere oder Lebensmittel und Begriffe wie Elefant oder Tomate sind einfach. Länder, geschichtliche Persönlichkeiten oder spezifische Tiere wie der Weißkopfseeadler sind deutlich schwieriger. Passen Sie den Schwierigkeitsgrad dem Alter und dem Wissen Ihres Kindes an.

Tipp:

Vorsicht bei bekannten Persönlichkeiten, denn hier spüren Sie den Generationsunterschied deutlich. Ihr Kind kennt für Sie bekannte Menschen wie Elvis Presley oder Marilyn Monroe vielleicht nicht, dafür können Sie nichts mit Namen von Influencern oder K-Pop-Bands anfangen. Machen Sie sich und Ihrem Kind daher klar, dass beide die jeweils aufgeschriebenen Wörter oder Persönlichkeiten kennen müssen.

Galgenmännchen

Altersempfehlung: ab der 2. Klasse
Material:

- Ein Stift und ein Papier

Ablauf:

Sie überlegen sich einen Begriff und zählen die Buchstaben. Auf dem Papier machen Sie anschließend so viele horizontale und kurze Striche nebeneinander, wie der Begriff Buchstaben hat. Ihr Kind soll danach verschiedene Buchstaben nennen. Sollte der genannte Buchstabe in Ihrem Wort vorkommen, schreiben Sie ihn an der entsprechenden Stelle auf den Strich. Nennt Ihr Kind einen Buchstaben, der nicht in Ihrem Wort vorkommt, beginnen Sie ein Galgenmännchen zu zeichnen. Bei jedem falschen Buchstaben ergänzen Sie einen Strich beim Galgenmännchen, bis das Männchen am Schluss hängt und Ihr Kind verloren hat. Hat das Kind das Wort erraten, bevor das Galgenmännchen zu Ende gezeichnet ist, ist es der Gewinner. [5]

Steigerungsmöglichkeiten:

Kurze Wörter mit wenigen Vokalen sind für Ihr Kind schwieriger zu erraten, denn es liegt mit seinen genannten Buchstaben öfters daneben. Genauso schwierig kann es sein, ein langes Wort in den richtigen Zusammenhang zu bringen, selbst wenn bereits die Hälfte der Buchstaben erraten ist. Alternativ ist es möglich, die Übung in einer anderen Sprache durchzuführen. Anstelle eines deutschen Wortes soll Ihr Kind ein englisches Wort erraten. Zusätzlich lässt sich die Schwierigkeit erhöhen, indem das Galgenmännchen aus weniger Strichen besteht.

Tipp:

Verraten Sie Ihrem Kind, dass die meisten deutschen Wörter viele Vokale enthalten und Ihr Kind am besten zuerst alle Vokale ausprobieren sollte. Anschließend versprechen Buchstaben wie R, N oder S eine hohe Erfolgschance. Sollte Ihnen die Zeichnung des makabren Galgenmännchens nicht zusagen, können Sie anstelle des gehängten Männchens auch einen weinenden Smiley zeichnen.

Verkehrter Tag

Altersempfehlung: Ab der 1. Klasse
Material:

- Eventuell ein Stift und ein Papier

Ablauf:

Setzen Sie sich mit Ihrem Kind hin und fordern Sie es auf, seinen Tagesablauf in kurzen Stichpunkten aufzuschreiben. Pro Aktion des Tages reicht ein Wort aus. Anschließend soll das Kind das Blatt umdrehen und Ihnen seinen Tag erzählen, doch mit der letzten Tätigkeit beginnend. Es erzählt Ihnen das Erlebte des Tages rückwärts. [4]

Steigerungsmöglichkeiten:

Mit der Zeit soll Ihr Kind die Stichworte nicht mehr aufschreiben, sondern frei erzählen. Indem Sie Zwischenfragen stellen, können Sie die Konzentration stören und die Aufgabe schwieriger gestalten. Ihr Kind sollte immer stärker ins Detail gehen und möglichst lange über den erlebten Tag sprechen.

Tipp:

Sie sollten bei der Übung auf die Grammatik achten und ob Ihr Kind die Begriffe wie vorher, nachher oder dann richtig benutzt. Bei jüngeren Kindern ist es sinnvoll, wenn sie den Tag zuerst richtig herum rekapitulieren. Denn viele Kinder haben schon Schwierigkeiten, den Tag in der richtigen Reihenfolge zu erzählen und am Nachmittag oder Abend noch zu wissen, was sie erlebt haben.

Konzentrationsübungen mit Bewegung

Besonders jüngere Kinder schaffen es nicht, eine längere Zeit ruhig zu sitzen. Sie brauchen Bewegung und regelmäßige Pausen, in denen sie herumrennen, hüpfen und ihre Power herauslassen. Das ist wichtig und lässt sich beim Konzentrationstraining gut mit Übungen verbinden. Die Aktivität sorgt dafür, dass das Gehirn besser durchblutet ist und so die Konzentrationsfähigkeit steigt. Für aktive Kinder oder haptische Lerntypen folgen deshalb einige Konzentrationsübungen mit Bewegung:

Beweg dich!

Altersempfehlung: ab dem Kindergarten
Material:

- Stoppuhr oder Smartphone

Ablauf:

Ihr Kind stellt sich im Freien oder in der Wohnung an einen Ort hin, wo es genug Platz hat und es sich bewegen kann, ohne ein Möbel zu berühren oder Dinge herunterzustoßen. Sie geben unterschiedliche Anweisungen und stoppen die Zeit, nach jeweils einer Minute kommt die nächste Anweisung. [5] Sie können sich selber Anweisungen überlegen oder folgende Ideen übernehmen:

1. Hüpfe wie ein Känguru auf der Stelle!
2. Es kommen ganz viele Fliegen, schüttele dich beim Hüpfen und werde die Fliegen los!
3. Bleib stehen und kreise den Kopf. Schau nach links und rechts, um dich nach weiteren Fliegen umzusehen!
4. Die Fliegen kommen zurück, also hüpfe weiter und schüttele dich!
5. Bleib wieder stehen und schau dich nach weiteren Fliegen um. Kreise den Kopf und schau nach links und rechts!
6. Neue Fliegen kommen, hüpfe ganz schnell davon!

Steigerungsmöglichkeiten:

Es geht bei der Übung weniger um die sportliche Aktivität, sondern um die Konzentration für die Durchführung der jeweiligen Anweisung. Deshalb bewirkt eine Zeitverlängerung wenig. Spannender ist es für Ihr Kind, wenn es mehrere Bewegungen gleichzeitig durchführen muss. Es soll beispielsweise auf einem Bein hüpfen, sich schütteln und zugleich mit den Händen klatschen. Eine weitere Steigerung wäre, wenn bereits nach 30 Sekunden eine neue Anweisung kommt.

Tipp:

Nach den sechs Minuten wird sich das Kind ausgepowert haben, zugleich sind Verspannungen gelöst. Anschließend wäre es möglich, eine neue Konzentrationsphase einzuläuten, indem das Kind beispielsweise die Hausaufgaben erledigt oder für eine Prüfung lernt. Sollte Ihr Kind nicht zu den Sportskanonen zählen, sollten Sie die Aktivitätszeit verkürzen oder ruhigere Aktivitäten wählen.

Welches Wort stelle ich dar?

Altersempfehlung: ab der 2. Klasse
Material:

- Eventuell ein Stift und ein Papier

Ablauf:

Sie überlegen sich einen kurzen Begriff, der im Idealfall ein Substantiv (Nomen) ist. Anschließend stellen Sie für jeden Buchstaben des Begriffs eine Tätigkeit pantomimisch dar. Ihr Kind muss erraten, was Sie machen und mit welchem Buchstaben die Tätigkeit beginnt. Wenn es jede Tätigkeit erraten hat, kann es den Begriff zusammensetzen. Danach darf das Kind ein Wort aussuchen und die Buchstaben des Wortes mit jeweils einer Tätigkeit pantomimisch darstellen. [5] Ein Beispiel dazu wäre das Wort **Hals** mit den Tätigkeiten **H**usten, **A**tmen, **L**esen und **S**ingen.

Steigerungsmöglichkeiten:

Je länger die Wörter sind, desto schwieriger ist es, eine passende Aktivität zu finden und das Wort zu erraten. Anstelle von Substantiven (Nomen) ist es möglich, Verben oder Adjektive pantomimisch darzustellen. Eine weitere Steigerung wäre es, wenn Ihr Kind versucht, die einzelnen Buchstaben mit dem Körper nachzuformen.

Tipp:

Wenn Ihr Kind das Wort pantomimisch darstellen muss, lohnt es sich bei Kindern mit Konzentrationsproblemen, wenn sie sich das Wort aufschreiben dürfen. Hat das Kind Probleme, passende Aktivitäten für den jeweiligen Buchstaben zu finden, sollten Sie die ersten Wörter darstellen und Ihr Kind rät nur. So erlangt es einige Ideen, welche Aktivität bei welchem Buchstaben passen würde.

Beweg deine Finger!

Altersempfehlung: ab dem Kindergarten
Material:

- Stift

Ablauf:

Ihr Kind tippt mit der Spitze des Daumens der Reihe nach die Fingerspitzen der anderen Finger an. Beim kleinen Finger angekommen, geht es in umgekehrter Reihenfolge zurück.

Eine andere Fingerübung funktioniert mit einem Stift. Ihr Kind legt eine Hand flach und mit gespreizten Fingern auf den Tisch und nimmt einen Stift in die andere Hand. Mit dem Stift tippt es nun neben den Daumen, dann zwischen Daumen und Zeigefinger, wieder zurück neben den Daumen und weiter zwischen den Zeige- und Mittelfinger. So geht die Übung weiter, bis es zwischen alle Finger und wieder zurück neben den Daumen getippt hat. [5]

Steigerungsmöglichkeiten:

Bei der ersten Übung ist es möglich, mit beiden Händen gleichzeitig die Fingerspitzen anzutippen. Noch schwieriger wird es, wenn Ihr Kind bei einer Hand vom Zeigefinger zum kleinen Finger tippt und bei der anderen Hand dasselbe umgekehrt macht. Zusätzlich lässt sich bei beiden Übungen die Geschwindigkeit steigern.

Tipp:

Es gibt diverse weitere solche Fingerübungen, wie beispielsweise die Hand flach auf den Tisch zu legen und nur immer einen Finger zu heben. Was im ersten Moment einfach erscheint, ist für ungeübte Kinder eine Herausforderung. Sie brauchen ihre komplette Konzentration, um die Finger wie gewünscht zu bewegen.

Ringe-Weitwurf

Altersempfehlung: ab dem Kindergarten
Material:

- Gekauftes Ringwerfe-Spiel
- Selbstgebasteltes Ringe-werfe-Spiel mit einer Flasche oder einem Stab und Plastikdeckeln, die in der Mitte ein großes Loch haben

Ablauf:
Sie stellen das Ringe-werfe-Spiel auf und Ihr Kind muss die Ringe von einem vorher markierten Punkt auf den Stab oder auf die Flasche werfen. Für jeden Treffer gibt es einen Punkt. [5]

Steigerungsmöglichkeiten:
Trifft das Kind den Stab gut, erhöhen Sie die Distanz. Alternativ ist es möglich, kleinere Ringe mit einem geringeren Durchmesser zu benutzen. Bei solchen Ringen gelingt es nicht so einfach, sie auf den Stab oder die Flasche zu werfen.

Tipp:
Einige Kinder tun sich bei dem Spiel schwer, deshalb sollte die Distanz zuerst möglichst gering sein. Eine alternative Spielvariante ist, anstelle von Ringen und Stäben kleine mit Sand gefüllte Ballons und einen Eimer zu benutzen. So muss das Kind die kleinen Säckchen nur in den Eimer werfen, anstatt sie auf den Stab zu bringen.

Zähle die Schritte!

Altersempfehlung: ab der 2. Klasse

Ablauf:

Sie gehen mit Ihrem Kind spazieren und Ihr Kind soll die Schritte zählen, die es zurücklegt. Zu Beginn können Sie eine kurze Distanz zum Lebensmittelladen oder zur Schule wählen, damit das Kind den Weg schon kennt und sich nur auf das Zählen konzentrieren muss. Sollte sich das Kind verzählen, beginnt es von vorne. [11]

Steigerungsmöglichkeiten:

Je länger der Spaziergang dauert, desto schwieriger ist es für Ihr Kind, die Schritte mitzuzählen. Es ist auch möglich, nur jeden zweiten oder dritten Schritt zu zählen. Für fortgeschrittene Kinder bietet es sich an, wenn Sie sich gleichzeitig mit Ihrem Kind unterhalten. Dann muss es die Schritte im Kopf zählen und zugleich zuhören oder sprechen.

Tipp:

Einige Kinder tun sich schwer, die Schritte im Kopf zu zählen. Bei ihnen bietet es sich an, wenn sie die Anzahl der Schritte laut sagen. Das ermöglicht Ihnen, die Anzahl der Schritte zu kontrollieren. Später können sie es leise für sich sagen oder still im Kopf zählen. Dasselbe trifft bei jüngeren Kindern zu, die eher Fehler beim Zählen machen und zwischendurch eine Korrektur von Ihnen benötigen.

Was kannst du wo balancieren?

Altersempfehlung: ab dem Kindergarten

Material:

- Unterschiedliche Gegenstände wie Radiergummi, Bleistift, Papier, Bleistiftspitzer oder Buch

Ablauf:

Ihr Kind kann sich einen Gegenstand aussuchen und soll versuchen, den Gegenstand auf den Fingerspitzen, dem Handrücken, dem Fuß oder dem Kopf zu balancieren. Je nach Gegenstand bietet sich der eine oder andere Ort besser an. Einige Gegenstände wie das Radiergummi lassen sich fast überall balancieren. [11]

Steigerungsmöglichkeiten:

Je nach Gegenstand lässt sich die Schwierigkeit aufgrund der Form erhöhen. Anstelle das Radiergummi auf der langen und breiten Seite auf der Fingerspitze zu balancieren, soll es Ihr Kind mit der kurzen und schmalen Seite probieren. Balanciert es ein Buch auf dem Kopf, fordern Sie Ihr Kind auf, einige Schritte durch den Raum zu gehen und etwas vom Boden aufzuheben. Die Schwierigkeit ist je nach Gegenstand und Balancierort individuell anpassbar.

Tipp:

Lassen Sie Ihr Kind die Übung aktiv mitgestalten. Wenn es die Gegenstände und den Balancierort aussuchen darf, macht es ihm mehr Spaß. Zudem sollten Sie die Herausforderung annehmen, wenn Ihr Kind Sie auffordert, auch einmal einen Gegenstand zu balancieren. Dann sind viel Spaß, Freude und einige Lacher vorprogrammiert.

Reise nach Jerusalem

Altersempfehlung: ab dem Kindergarten
Material:

- Musik auf dem Smartphone, Laptop, Fernseher oder Radio
- Einen oder mehrere Stühle
- Einen weiteren Mitspieler, denn es sollten mindestens drei Personen sein

Ablauf:

Eine Person ist für die Einhaltung der Regeln und für die Musik verantwortlich. Die anderen zwei Personen spielen das Spiel. In der Mitte befindet sich ein Stuhl und die zwei Spielpersonen laufen, hüpfen oder tanzen um den Stuhl herum. Die Regelperson lässt dazu Musik laufen und sobald sie die Musik stoppt, müssen sich die anderen zwei Personen so schnell wie möglich auf den Stuhl setzen. Wer es schafft, erhält einen Punkt.

Steigerungsmöglichkeiten:

Bei dem Spiel sind bezüglich der Personenanzahl keine Grenzen gesetzt, sodass mehrere Kinder oder Erwachsene mitspielen können. Je mehr Personen mitmachen, desto länger geht das Spiel und desto mehr Spaß macht es. Das bedeutet, dass Sie mehr Stühle brauchen und immer nur ein Stuhl zu wenig vorhanden ist. Die Person, die keinen Stuhl ergattern konnte, fällt aus dem Spiel heraus, bis am Schluss nur noch zwei Kinder und ein Stuhl übrig bleiben und sie um den Sieg „kämpfen". Zugleich ist die Schwierigkeit mit vielen Mitspielern erhöht, denn das Kind muss sich auf mehrere Personen und Stühle konzentrieren. Eine weitere Steigerung der Schwierigkeit ist möglich, indem Ihr Kind vor dem Hinsetzen weitere Aufgaben erledigen muss. Anstelle sich sofort hinzusetzen, soll es beispielsweise dreimal klatschen oder einmal hüpfen.

Tipp:

Einige Kinder werden bei diesem Spiel schnell aggressiv, sodass sie den anderen Mitspieler vielleicht wegschubsen. Sie sollten bemerken, wenn die Aggression steigt und das Spiel vorzeitig beenden. Hat Ihr Kind eine geringe Frustrationstoleranz, ist es ratsam, vor der Übung einige Regeln festzulegen. So müssen die Arme beispielsweise verschränkt bleiben oder es darf zu keinem Körperkontakt kommen.

Bewegungs- und Konzentrationslieder

Altersempfehlung: ab dem Kindergarten
Material:

- CD oder Smartphone, um das gewünschte Lied abzuspielen
- Songtext und Bewegungsablauf des Liedes

Ablauf:

Zuerst suchen Sie sich ein Bewegungslied wie beispielsweise Laurentia oder zehn kleine Zappelmänner aus. Im ersten Schritt lernen Sie den Text und die Bewegungen, sodass Sie Ihrem Kind alles vorzeigen können. Danach spielen Sie das Lied ab und singen und tanzen vor, sodass Ihr Kind Sie beobachten kann. Direkt beim zweiten Durchlauf kann Ihr Kind mitmachen. Nach einigen Durchläufen wird Ihr Kind den Text und die Bewegung mit Leichtigkeit können.

Steigerungsmöglichkeiten:

Es gibt eine Vielzahl an Bewegungsliedern, die im Schwierigkeitsgrad des Textes und der Bewegungen dem Alter des Kindes angepasst sind. Mit der Zeit soll Ihr Kind das Lied und die Bewegungen ohne Hilfe singen und ausführen.

Tipp:

Junge Kinder lieben es zu tanzen und zu singen. Ältere Kinder dazu zu motivieren, ist deutlich schwieriger. Doch es gibt geeigneten Lieder, die zum Singen und Tanzen einladen. Notfalls müssen Sie Ihr Kind fragen, welchen aktuellen Tanz es schon lange lernen wollte. Vielleicht mag es ein englisches Lied lieber oder möchte die Bewegungen einer aktuellen Challenge lernen. Auch das fördert die Konzentration, bringt etwas Abwechslung in Ihre Beziehung und macht Spaß. Lassen Sie sich von den Vorschlägen Ihres Kindes leiten.

Ferngesteuerter Roboter

Altersempfehlung: ab dem Kindergarten
Material:

- Tuch oder Schal

Ablauf:
Sie verbinden Ihrem Kind die Augen mit einem Tuch oder einem Schal. Anschließend geben Sie dem Kind Anweisungen wie: „Mache drei Schritte vorwärts!", „Dreh dich nach links!", „Geh weitere fünf Schritte!", „Mach die Tür vor dir auf!" oder „Spring dreimal in die Höhe!" Ziel der Übung ist, dass Sie Ihr Kind mit den Anweisungen durch die gesamte Wohnung oder durch den Garten lotsen und es Ihre Anweisungen genau befolgt.

Steigerungsmöglichkeiten:
Anstelle von Befehlen können Sie Ihr Kind antippen. Eine leichte Berührung auf die linke Schulter bedeutet beispielsweise, dass sich Ihr Kind nach links drehen muss. Fünfmal auf den Rücken tippen heißt, es soll fünf Schritte nach vorne machen. Nur mit Berührungen muss sich Ihr Kind noch stärker auf Ihre Anweisungen konzentrieren. Sie können auch einige Hindernisse einbauen. Eine andere Möglichkeit wäre, wenn Sie die Übung zeichnerisch durchführen. Das heißt, Sie sagen, welche Striche oder Formen Ihr Kind zeichnen muss. Es zeichnet mit

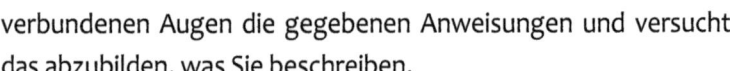
verbundenen Augen die gegebenen Anweisungen und versucht das abzubilden, was Sie beschreiben.

Tipp:

Mit Kindern, die sehr aktiv sind, sollten Sie die Übung im Freien machen. Ihnen fällt es teilweise schwer, die Befehle oder Berührungen richtig zu deuten und dann werden sie zu hektisch. In der Wohnung hat das zur Folge, dass sie in Möbel laufen oder Sachen aus Versehen runterschmeißen.

Konzentrationsübungen für alle Sinne

In der Schule sitzen die Kinder die meiste Zeit am Tisch und müssen sich auf ein Blatt, ein Buch oder ein Heft konzentrieren. Frontalunterricht, bei dem die Lehrperson vorne steht und etwas erklärt, ist stark ausgeprägt. Umso mehr genießen es die Kinder, wenn sie neben den Augen und den Ohren auch ihre anderen Sinne einsetzen dürfen. Die Konzentration können Sie problemlos mit allen Sinnen ausbauen. Die folgenden Übungen sind genau dazu gedacht, auch einmal die anderen Wahrnehmungskanäle wie den Tast-, den Geschmacks- oder den Geruchssinn herauszufordern.

Memory mit Geräuschen

Altersempfehlung: ab dem Kindergarten
Material:

- 20 bis 40 leere Dosen oder Joghurtbecher
- Verschiedene Materialien zum Einfüllen wie Murmeln, Büroklammern, Legosteine, Nüsse, Steine oder Bonbons
- Undurchsichtige Folie und Gummibänder oder passende Deckel, um die Dosen oder die Joghurtbecher blickdicht zu schließen

Ablauf:

Zuerst müssen Sie das Geräusche-Memory vorbereiten. Nehmen Sie jeweils zwei Dosen oder Joghurtbecher und füllen Sie dieselben Materialien in etwa der gleichen Menge in das Behältnis. Verschließen Sie die Behältnisse, sodass die Materialien von außen nicht ersichtlich sind. Das machen Sie mit allen Behältnissen, bis Sie 20 bis 40 gefüllte Dosen oder Joghurtbecher haben, wovon zwei immer denselben Inhalt haben.

Nun setzen Sie sich mit Ihrem Kind hin und stellen die Dosen oder Joghurtbecher auf den Tisch. Ihr Kind soll im Folgenden die verschiedenen Behältnisse schütteln und bewegen. Nur anhand der Geräusche soll es herausfinden, welche zwei Behältnisse zusammengehören. [5]

Steigerungsmöglichkeiten:

Es gibt viele Gegenstände, die ähnliche Geräusche machen. Anhand des Inhaltes können Sie den Schwierigkeitsgrad erhöhen. Zu Beginn ist es ratsam, mit fünf oder sechs Dosenpaaren zu starten. Später können Sie die Anzahl der Paare erhöhen.

Tipp:

Probieren Sie die verschiedenen Geräusche bereits beim Befüllen aus. Eventuell stellen Sie fest, dass sich einige Gegenstände genau gleich anhören. Sind die Geräusche identisch, sollten Sie andere Gegenstände zum Befüllen verwenden. Im Idealfall markieren Sie die zwei gleichen Dosen mit derselben Zahl oder einem Symbol auf dem Boden, sodass Ihr Kind durch Umdrehen der Dose selber überprüfen kann, ob die Behältnisse zusammengehören. Ist Ihr Kind bereits älter und hat es ein feines Gehör, dürfen Sie die Übung ruhig etwas schwieriger gestalten.

Was erfühlst du?

Altersempfehlung: ab dem Kindergarten
Material:

- Eine Tüte, ein großer Sack oder eine Schuhschachtel mit Loch zum Reingreifen
- Verschiedene Alltagsgegenstände wie ein Bleistift, ein Löffel, ein Smartphone, ein Spielzeugauto oder eine Socke

Ablauf:

Füllen Sie die Tüte oder die Schuhschachtel mit einigen Gegenständen und legen Sie sie auf den Tisch. Ihr Kind soll nun seine Hand in die Tüte oder in die Schachtel halten und ohne hinzusehen, die Gegenstände durch Fühlen erraten. [5]

Steigerungsmöglichkeiten:

Je mehr Gegenstände in der Tüte oder der Schachtel sind, desto länger braucht Ihr Kind und desto mehr Konzentration muss es aufwenden. Greifen Sie zur Steigerung zu Objekten, die eher schwer erkennbar sind. Bei beispielsweise einem Stofftier muss Ihr Kind genau fühlen, um welches Stofftier es sich handelt. Ein Apfel, eine Birne oder eine Tomate können sich zu Beginn ähnlich anfühlen, sodass Ihr Kind mehr Zeit zum Erkennen aufwenden muss.

Tipp:

Für die Spannung sollten Sie Gegenstände mit verschiedenen Oberflächenstrukturen oder Konsistenzen wählen. Ist alles hart und kalt, kann es für Ihr Kind langweilig werden. Legen Sie zur Abwechslung einen leicht feuchten Lappen, ein vorher aufgewärmtes Brötchen oder Knete in die Tüte, sorgt das für eine gelungene Abwechslung. Ihr Kind wird erschrecken und lachen, wenn es plötzlich etwas Nasses oder Warmes in der Hand hält. Hier ist es auch gut möglich, themenbezogen zu arbeiten und die Behältnisse beispielsweise mit nur Sachen aus der Schule, nur Lebensmitteln oder nur Spielsachen zu befüllen. Das erleichtert den jungen Kindern die Aufgabe.

Finde den Wecker!

Altersempfehlung: ab dem Kindergarten
Material:

- Wecker oder Smartphone
- Eventuell ein Schal oder Tuch als Augenbinde

Ablauf:

Ihr Kind soll sich die Augen zuhalten und auf dem Stuhl warten. Sie verstecken irgendwo einen Wecker oder Ihr Smartphone. Wichtig ist, dass der Wecker oder das Smartphone durchgehend klingelt. Im Idealfall ist die Lautstärke einstellbar, um den Schwierigkeitsgrad zu erhöhen. Sobald der Wecker oder das Smartphone versteckt ist und durchgehend ein Geräusch macht, darf Ihr Kind auf die Suche gehen. [5]

Steigerungsmöglichkeiten:

Stellen Sie die Lautstärke möglichst gering ein, sodass Ihr Kind wirklich suchen und genau hinhören muss. So findet es das Gerät erst, wenn es in jedem Zimmer und neben jedem Möbel war. Eine weitere Steigerungsmöglichkeit wäre, dem Kind die Augen zuzubinden. Dann darf die Lautstärke wieder aufgedreht sein, sodass Ihr Kind von Beginn an dem Ton folgen kann.

Tipp:

Das Smartphone bietet sich bei dieser Übung besser an, weil es unterschiedliche Geräusche machen kann und die Lautstärke einfach einstellbar ist. Verwenden Sie nicht immer denselben Ton, um Ihr Kind auf unterschiedliche Geräusche zu sensibilisieren. Wenn Sie Ihrem Kind die Augen zubinden, ist es wichtig, dass Sie ständig in der Nähe sind und Ihr Kind warnen, sollte ein Hindernis im Weg sein.

Kannst du im Takt gehen?

Altersempfehlung: ab dem Kindergarten
Material:

- Instrument, Kochlöffel oder Bleistift zum Taktschlagen

Ablauf:

Sie geben mit dem Instrument, dem Kochlöffel oder dem Bleistift einen Takt vor. Ihr Kind muss im Takt laufen und die Schrittgeschwindigkeit dem Takt anpassen. Sobald Sie aufhören, muss Ihr Kind augenblicklich stehen bleiben. Variieren Sie das

Tempo des Schlags nach allen 10 bis 30 Sekunden, sodass das Kind die Geschwindigkeit anpassen muss. [5]

Steigerungsmöglichkeiten:

Um den Schwierigkeitsgrad zu erhöhen, können Sie weitere Aufgaben einfügen. Schlagen Sie zum Beispiel anstelle auf den Tisch auf den Teller, muss Ihr Kind einmal hüpfen und danach wieder im Takt gehen. Hört das Kind einen Schlag auf ein Glas, muss es sich einmal drehen und dann wieder im Takt gehen. Je mehr solche Zusatzaufgaben mit Geräuschen Sie einbauen, desto stärker muss sich Ihr Kind konzentrieren.

Tipp:

Für junge und aktive Kinder ist es schwieriger, einen langsamen Takt zu gehen. Übertreiben Sie es nicht mit dem hohen Tempo, denn so wird Ihr Kind aufgekratzt und hat sich bald nicht mehr im Griff.

Wasserglas blind füllen

Altersempfehlung: ab der 1. Klasse

Material:

- 1 Glas
- 1 Messbecher
- Wasser
- Tuch oder Schal

Ablauf:

Sie stellen ein Glas auf den Tisch und füllen den Messbecher mit ausreichend Wasser. Danach verbinden Sie Ihrem Kind die Augen und geben ihm den Messbecher mit Wasser in die Hand. Ihr Kind soll nun mit verbundenen Augen das Glas füllen. Damit ihm das gelingt, muss es genau hinhören, gut zielen und rechtzeitig aufhören. Ziel ist es, dass es das Glas bis etwa einen Zentimeter unter den Rand füllt und nichts daneben geht. [5]

Steigerungsmöglichkeiten:

Zu Beginn sollten Sie immer dasselbe Glas verwenden. Später können Sie die Behältnisse variieren, denn bei kleinen Gläsern oder breiten Schälchen hört sich das Geräusch leicht anders an. Alternativ erschweren Plastikbecher, große Schüsseln oder Teller die Aufgabe.

Tipp:

Damit es zu keinem Streit und zu keiner großen Überschwemmung kommt, sollten Sie die Übung im Freien machen. Ihr Kind wird das Glas die ersten Versuche eventuell nicht treffen oder zu viel einfüllen, sodass eine größere Menge daneben gehen kann. Ist es draußen zu kalt oder gibt es keine Möglichkeit zur Durchführung im Freien, können Sie ein saugfähiges Tuch auf den Tisch legen. Helfen Sie jüngeren Kindern bei den ersten Versuchen. Ist die Aufgabe zu schwer, sollten Sie das Glas zuerst einige Male füllen, wenn Ihr Kind die Augen verbunden hat. So kann es das Geräusch hören, um zu verstehen, ab wann das Glas gefüllt ist.

Zungenbrecher

Altersempfehlung: ab dem Kindergarten

Material:

- Einige Zungenbrecher

Ablauf:

Sie üben gemeinsam mit Ihrem Kind verschiedene Zungenbrecher aufzusagen. Das Ziel ist, dass Ihr Kind mehrere Zungenbrecher fehlerfrei und im fortgeschrittenen Tempo vortragen kann. [5] Einige Beispiele sind:

- Wenn kleine kräftige Krabbelkäfer heftig hinter Krabbelkäfern krabbeln, krabbeln kleine kräftige Krabbelkäfer heftig kleinen kräftigen Krabbelkäfern nach.

- Wenn Robben hinter Robben robben, robben Robben Robben nach.

- Blaukraut bleibt Blaukraut und Brautkleid bleibt Brautkleid.

- Auf der Pappel plappern Klapperstörche klapperdiklapp.

- Am zehnten Zehnten zehn Uhr zehn zogen zehn zahme Ziegen zehn Zentner Zucker zum Zoo.

- Klaus Knopf liebt Knödel, Klöße, Klöpse, Knödel, Klöße, Klöpse liebt Klaus Knopf.

Steigerungsmöglichkeiten:

Im Internet gibt es diverse weitere Beispiele für Zungenbrecher, die für Kinder herausfordernd sind. Sie sollten ein wenig darauf achten, bei welchen Buchstaben oder Kombinationen Ihr Kind große Schwierigkeiten hat und genau solche Beispiele suchen.

Tipp:

Sie als Elternteil sollten bei dieser Übung unbedingt mitmachen. Es ist ein gutes Beispiel, um dem Kind zu zeigen, dass auch Sie nicht immer alles auf Anhieb können. Lacher sind garantiert und der Spaßfaktor ist auch da.

Spiel der Wolken

Altersempfehlung: ab dem Kindergarten

Ablauf:

Für diese Übung ist es wichtig, das richtige Wetter zu erwischen. Legen Sie sich mit Ihrem Kind auf eine Wiese, sodass Sie einen möglichst guten Blick auf den Himmel haben. Nun beobachten Sie die vorbeiziehenden Wolken und Ihr Kind soll Formen erkennen. Hat es eine markante Form entdeckt, verfolgt es sie für eine Weile und beschreibt, wie sich die Wolke verändert. Eventuell erkennt es plötzlich eine andere Form oder die Wolke verschwindet komplett. [11]

Steigerungsmöglichkeiten:

Wenn das Kind eine spezifische Wolkenform entdeckt hat, soll es für zehn Sekunden die Augen schließen. Danach öffnet es die Augen wieder und sucht die Wolkenform. Die Dauer der geschlossenen Augen lässt sich beliebig erhöhen und je länger das Kind die Wolke unbeobachtet lässt, desto schwieriger wird es, sie wiederzufinden.

Tipp:

Kinder sind stark an die Meinung der Eltern gebunden, sodass Sie Ihr Kind bei diesem Spiel erklären lassen sollten. Wenn Sie Ihrem Kind ständig sagen, was Sie entdecken, wird es nur diese Formen sehen und seine eigene Fantasie nicht gebrauchen. Ihr Kind sollte sich die Wolken ansehen und Ihnen erklären, was es sieht, ohne dass Sie die Beobachtung groß kommentieren oder kritisieren.

Was riechst du?

Altersempfehlung: ab dem Kindergarten
Material:

- Verschiedene Objekte mit starkem Geruch wie beispielsweise Gewürze, Blumen, Seifen, Duftkerzen, Lebensmittel oder ätherische Öle
- Ein Tuch oder ein Schal

Ablauf:

Zuerst verbinden Sie Ihrem Kind die Augen. Danach machen Sie auf dem Tisch unterschiedliche Gegenstände bereit, die einen starken Duft haben. Sobald Sie bereit sind, halten Sie einen Gegenstand nach dem anderen Ihrem Kind unter die Nase und es soll daran riechen. Wenn es den Gegenstand erraten hat, folgt der nächste. Sollte es bei einem Duft Schwierigkeiten haben, legen Sie ihn beiseite und versuchen es am Ende nochmals.

Steigerungsmöglichkeiten:

Es gibt Düfte, die im Alltag stark präsent sind und wir sofort wiedererkennen wie Vanille oder Curry. Daneben gibt es Düfte, die wir kaum wahrnehmen. Schwieriger wird es, wenn Sie beispielsweise ein Kleidungsstück einer bekannten Person oder wenig duftende Lebensmittel hinhalten.

Tipp:

Bevor Sie einen Duft aussuchen, sollten Sie selber daran riechen und sich überlegen, ob Ihr Kind diesen Geruch wirklich wiedererkennt. Sie dürfen nach mehrmaligem Riechen kleine Tipps geben, damit Ihrem Kind die Zuordnung des Duftes einfacher fällt. So können Sie beispielsweise die Farbe nennen oder sagen, ob es eine Frucht oder ein Gewürz ist. Alternativ können Sie diese Übung auch als Memory machen, sodass Sie Ihrem Kind drei Düfte hinhalten und danach von vorne beginnen. Ihr Kind muss dann sagen, ob es der erste, zweite oder dritte Duft war.

Was schmeckst du?

Altersempfehlung: ab dem Kindergarten
Material:

- In Häppchen geschnittene oder vorportionierte Lebensmittel, die unterschiedliche Geschmacksrichtungen haben
- Tuch oder Schal

Ablauf:

Sie setzen Ihr Kind wieder an einen Tisch und verbinden ihm die Augen. Danach geben Sie ihm unterschiedliche Lebensmittel zum Probieren und es soll den Geschmack erraten, also ob es süß, sauer, bitter, salzig oder umami (neutral wie Fleisch) schmeckt.

Steigerungsmöglichkeiten:

Zum Geschmack soll das Kind erraten, was genau es gegessen hat. Es gibt einfache Beispiele wie Schokolade, bei der das Kind sofort den süßen Geschmack erkennt und weiß, was es ist. Doch Lebensmittel, die es bisher selten gegessen hat, sind deutlich schwieriger zu erraten.

Tipp:

Das Spiel ist nicht dazu gedacht, das Kind zum Gemüse- oder Obstessen zu animieren. Verzichten Sie auch auf Lebensmittel, die Ihr Kind überhaupt nicht mag. Andernfalls wird es die Übung abbrechen und Ihnen nicht mehr vertrauen. Alternativ warnen Sie das Kind vor, dass jetzt etwas kommt, das nicht zu den Lieblingsspeisen zählt. Dann kann das Kind selber entscheiden, ob es den Geschmack dennoch herausfinden möchte.

Achtsamkeits- & Entspannungsübungen

Eine weitere Art von nützlichen Übungen sind Achtsamkeits- und Entspannungsaufgaben. Kinder, die achtsam und entspannt sind, werden ruhiger und damit auch konzentrierter. Sie gehen besser mit Stresssituationen um, weil sie wissen, wie sie sich trotz der Nervosität entspannen und konzentrieren können. Zugleich führen die Übungen zu einem höheren Selbstwertgefühl, einer besseren psychischen Gesundheit und speziell bei Kindern mit ADHS lindert eine erhöhte Entspannung und Achtsamkeit die Symptome. Deshalb lohnt es sich für Sie, gelegentlich einige Achtsamkeits- und Entspannungsübungen ins Konzentrationstraining oder in den Alltag einzubauen.

Mandalas ausmalen (mit Download)

Altersempfehlung: ab dem Kindergarten
Material:

- Vorlagen von Mandalas
- Buntstifte

Ablauf:

Sie drucken für Ihr Kind mehrere Mandalas aus. Es darf sich ein Mandala aussuchen und es mit den gewünschten Farben bunt ausmalen.[5]

Steigerungsmöglichkeiten:

Sie können Ihrem Kind unterschiedliche Aufträge geben, so muss es beispielsweise für jedes Feld einen neuen Farbstift verwenden oder darf nur vier unterschiedliche Stifte verwenden, wobei nie zwei gleich bemalte Felder nebeneinander sein dürfen. Je mehr kleine Felder das Mandala hat, desto länger braucht das Kind und desto mehr Zeit muss es aufwenden.

Tipp:

Es gibt Kinder, die keine große Lust haben, Mandalas auszumalen. Für solche Kinder ist es ratsam, wenn Sie individuelle Mandalas suchen. Das heißt, eventuell gibt es Mandalas mit den Hauptcharakteren der Lieblingsserie oder mit einem speziellen Themengebiet wie Flugzeuge, das Ihrem Kind gefällt. Alternativ können Sie anstelle von langweiligen Farbstiften mit Wachsmal- oder Filzstiften arbeiten. Versuchen Sie Ihr Kind zu motivieren und zwingen Sie es nicht, etwas auszumalen. Im Idealfall malen Sie gemeinsam an einem Bild oder Sie malen neben Ihrem Kind an einem eigenen Bild, anstatt nur zuzuschauen.

Mandala Malvorlagen

https://t1p.de/to80

Fokussierter Blick

Altersempfehlung: ab der 1. Klasse

Material:

- Eine Abbildung oder ein Kleber wie ein Smiley, ein Tier oder ein Herz
- Eventuell ein Nagel und ein Hammer

Ablauf:

Befestigen Sie die Abbildung oder den Kleber an einem Ort, an dem sich Ihr Kind konzentrieren oder entspannen soll. Möglich wäre es, die Abbildung über dem Bett zu fixieren, sodass Ihr Kind die Übung vor dem Einschlafen machen kann. Alternativ befestigen Sie die Abbildung vor dem Schreibtisch, an dem Ihr Kind die Hausaufgaben macht. Das Ziel ist, dass Ihr Kind die Abbildung mit den Augen fixiert. Mit der Zeit soll es die Abbildung mehrere Minuten lang fixieren, sodass es ruhiger und konzentrierter wird. Über dem Bett hilft der Kleber beim Einschlafen. [12]

Steigerungsmöglichkeiten:

Ihr Kind sollte die Abbildung immer länger fixieren, ohne wegzuschauen oder sich ablenken zu lassen. Die Schwierigkeit erhöht sich automatisch mit der Zeit des Fixierens.

Tipp:

Sie sollten jüngere Kinder bei der Übung begleiten und die jeweiligen Zeiten festlegen. Kleine Kinder können die Zeitdauer noch nicht einschätzen und haben oft das Gefühl, dass sie eine Ewigkeit auf das Bild gestarrt haben, obwohl es nur zehn Sekunden waren. Stoppen Sie deshalb die Zeit und feiern Sie mit Ihrem Kind zusammen den Erfolg, wenn es einen neuen Rekord aufstellt. Zugleich können Sie überprüfen, ob sich Ihr Kind wirklich nicht ablenken lässt.

Achtsamkeit durch Atemkontrolle

Altersempfehlung: ab dem Kindergarten

Ablauf:

Die Übung können Sie mit Ihrem Kind auf dem Bett liegend oder am Tisch sitzend machen. Zu Beginn sollten Sie Ihrem Kind sagen, es soll genau auf die Atmung achten und darauf schauen, wie sich der Brustkorb hebt und senkt. Danach geben Sie die Anweisung, wie Ihr Kind atmen soll. Dazu soll es zuerst fünf Sekunden langsam einatmen, die Luft für fünf Sekunden anhalten und wieder für fünf Sekunden ausatmen. Diesen Ablauf wiederholen Sie etwa dreimal. [12]

Steigerungsmöglichkeiten:

Wenn Ihrem Kind das Luftanhalten und vorgegebenen Atmen einfach fällt, können Sie die Übung öfters wiederholen. Mit der Zeit wird es Ihr Kind schaffen, den Rhythmus über mehrere Minuten einzuhalten.

Tipp:

Wichtig ist, dass Ihr Kind immer genug Luft bekommt und die Übung nicht zu anstrengend wird. Sie sollten Ihr Kind deshalb beobachten und fällt ihm das Atmen plötzlich schwer, brechen Sie die Übung ab. Verlängern Sie den Rhythmus von fünf Sekunden nur, wenn Ihr Kind schon älter ist und ein größeres Lungenvolumen hat. Junge Kinder schaffen den Rhythmus maximal für fünf Sekunden einzuhalten, bei Erwachsenen oder Jugendlichen sind bis zu 15 Sekunden möglich.

Genieße dein Wunderland!

Altersempfehlung: ab der 2. Klasse

Ablauf:

Ihr Kind soll sich aufs Bett oder aufs Sofa legen. Dann überlegen Sie sich gemeinsam einen Ort, an dem sich Ihr Kind wohlfühlt. Es kann zum Beispiel ein ausgedachtes Wunderland, ein leckeres Schlaraffenland oder ein bekannter Ort aus dem letzten Urlaub sein. Wichtig ist, dass sich Ihr Kind an diesem Ort wohlfühlt. Dann soll Ihr Kind die Augen schließen und zuerst für eine Minute ruhig atmen. Anschließend soll es sich vorstellen, dass es durch eine Tür, einen Wasserfall oder über einen Regenbogen geht. So gelangt es in das ausgedachte Land oder den bekannten Ort. Dort angekommen, soll es sich umsehen. Sie können begleitend einige Fragen stellen wie: „Was siehst du?", „Wie riecht es?", „Was fühlst du?" oder „Was machst du gerade?" Ihr Kind soll Ihnen auf die Fragen antworten und alle positiven Eindrücke mit auf den Weg nehmen. Sobald es genug lange im Traumland war und keine Lust mehr hat, gelangt es durch die Tür, den Wasserfall oder über den Regenbogen wieder zurück. Dann tritt es wieder in die reale Welt ein und öffnet die Augen. [12]

Steigerungsmöglichkeiten:

Es ist gut möglich, dass Ihr Kind mit der Zeit über 20 bis 30 Minuten im Traumland ist. Es wird sich immer mehr Details ausdenken und seine Reise genießen. Irgendwann dürfen Sie Ihr Kind auch unbegleitet ins Wunderland reisen lassen.

Tipp:

Ungeübte Kinder brauchen mehr Begleitung als Kinder, die schon öfters im Traumland waren. Bei jüngeren Kindern bietet es sich an, einen bekannten Ort zu wählen. Viele Kinder können sich noch nicht eine komplette Welt ausdenken und haben deshalb Schwierigkeiten, an einen Fantasieort zu gelangen. Sind sie dagegen bei der Oma, einem Ort aus einem Film oder in der letzten Urlaubsdestination, gelingt Ihnen die Entspannungsübung besser. Bei der kompletten Übung ist es wichtig, dass die Kinder stets nur gute Erfahrungen machen und positive Emotionen haben. Sie sollen sich geborgen fühlen, es soll ihnen Spaß machen und sie sollen Sachen machen, die ihnen gefallen.

Achtsamkeit durch Muskelkontrolle

Altersempfehlung: ab dem Kindergarten

Ablauf:

Ihr Kind legt sich auf das Bett oder auf das Sofa. Danach geben Sie die Anweisung, dass es so viele Muskeln wie möglich anspannen soll. Sie überprüfen den Zustand, indem Sie einige Muskelpartien leicht berühren. Machen Sie Ihr Kind darauf aufmerksam, sollte es eine Muskelgruppe noch nicht angespannt haben. Ihr Kind soll diesen angespannten Zustand für etwa 15 bis 20 Sekunden halten, danach darf es alle Muskeln wieder entspannen. Wiederholen Sie den Vorgang des Anspannens und Entspannens etwa drei- bis fünfmal. [12]

Steigerungsmöglichkeiten:

Wenn Ihr Kind alle Muskeln auf Kommando anspannen kann, können Sie versuchen, einzelne Muskelpartien anzupeilen. Sagen Sie Ihrem Kind beispielsweise, es soll nur die Muskeln in den Beinen oder in den Armen anspannen. Mit der Zeit sind spezifischere Orte wie Zehen-, Waden- oder Oberarmmuskeln möglich. So weiten Sie die Übung aus, indem Sie mit Ihrem Kind jede einzelne Muskelpartie durchgehen und es die jeweilige Stelle für einige Sekunden anspannen soll, bevor es den kompletten Körper für einige Zeit entspannen darf.

Tipp:

Jüngere und ungeübte Kinder haben noch Mühe mit der bewussten Körperkontrolle. Ihnen kann es schwerfallen, nur einzelne Muskelgruppen anzuspannen. Steigern Sie die Übung deshalb langsam und machen Sie Ihr Kind darauf aufmerksam, wenn es eine Muskelgruppe vergessen hat. Sie können Ihrem Kind nicht zeigen, wie es die einzelne Gruppe anspannen muss, doch ein direktes Feedback hilft dem Kind, ein Gefühl dafür zu bekommen.

Lass mal Dampf ab!

Altersempfehlung: ab dem Kindergarten

Ablauf:

Die Übung ist dazu gedacht, ein Erlebnis oder eine Aussage zu verarbeiten, die in Ihrem Kind die Wut auslöst. Zur Abgrenzung der Übung sollte sich Ihr Kind einen Stuhl aussuchen, der in Zukunft der Wutstuhl ist. Bei der Übung darf sich das Kind auf den Stuhl setzen, der in der Mitte eines Raumes und in guter Entfernung zu Möbeln steht. Dann soll es die Augen schließen, die Hände zu Fäusten ballen und die Zehen anziehen. Anschließend stellt es sich die Sache, das Ereignis oder die Aussage vor, die die Wut in ihm auslöst. Zum Ablassen der Wut darf Ihr Kind anschließend alle Dinge sagen oder denken, die ihm in den Sinn kommen. Einigen Kindern hilft es, wenn sie mit den Fäusten in die Luft boxen dürfen, um die Wut loszuwerden. [12]

Steigerungsmöglichkeiten:

Bei den ersten Versuchen wird Ihr Kind die Übung vielleicht nicht ernst nehmen, doch nach mehrmaligem Durchführen wird es die Wut wirklich ablassen können. Eine mögliche Steigerung wäre es, mit ihm im Nachhinein über die Wut zu sprechen. Nachdem es die Wut abgelassen hat, kann der Austausch mit Ihnen und eine eigene Reflexion zuerst schwierig sein. Doch so lernt das Kind, sich Ihnen anzuvertrauen und mit der Situation umzugehen, bevor die Wut entsteht. Das ist von großer Bedeutung, damit Ihr Kind nicht alles in sich hineinfrisst und später besser mit negativen Gefühlen umgehen kann.

Tipp:

Es lohnt sich, wenn Sie die Übung zuerst selbst durchführen, um ein Gefühl dafür zu bekommen. Zudem sollten Sie den Wunsch Ihres Kindes respektieren, wenn es die Übung zu einem späteren Zeitpunkt alleine durchführen möchte. Eventuell hat die Wut mit Ihnen zu tun oder es ist etwas Privates, dass Ihr Kind nicht vor Ihnen offenbaren möchte. Respektieren Sie die Privatsphäre und mischen Sie sich nicht in die Gefühle Ihres Kindes ein. Ihr Kind darf böse Sachen sagen, die Sie nicht verstehen oder die in Ihren Augen „falsch" sind. Für Kinder, die sich schnell in die Wut steigern, sollten Sie ein Einführungs- und ein Endritual einführen. So kann das Kind den Zeitraum besser abgrenzen, indem es die Wut aufsteigen lässt. Ein Beispiel für ein solches Ritual wäre, wenn Sie vor und nach der Übung die vorher genannte Atemübung machen.

Der starke Baum

Altersempfehlung: ab dem Kindergarten

Ablauf:

Zuerst suchen Sie sich einen geeigneten Ort für die Übung. Sie können sie im Wald, im Freien oder in der Mitte eines Zimmers durchführen, wo Ihr Kind genug Platz hat. Dann soll sich Ihr Kind breitbeinig hinstellen, sodass es einen sicheren und guten Stand einnimmt. Fordern Sie Ihr Kind auf, die Augen zu schließen und sich vorzustellen, dass es ein großer und starker Baum ist. Leiten Sie Ihr Kind mit beispielsweise folgenden Aussagen, um eine innere Stärke und Kraft zu erlangen: [12]

- Stell dir vor, dir wachsen lange und kräftige Wurzeln aus den Füßen.
- Die Wurzeln gehen bis tief in die Erde, sodass du immer fester mit dem Boden verbunden bist.
- Selbst der kräftigste Windstoß kann dich nicht umwehen.
- Du spürst, wie die Kraft aus den Wurzeln in deine Füße kommt.
- Diese innere Kraft und die Wärme steigen dir die Beine hoch bis in die Arme und in den Kopf.
- Du spürst die Stärke bis in die kleinsten Ästchen – deine Fingerspitzen.
- Nun kommt ein kleiner Windstoß, der dich leicht schwanken lässt, doch du fällst nicht um.

Steigerungsmöglichkeiten:

Sie können die Übung verlängern, indem Sie unterschiedliche Witterungseinflüsse wie Regen, ein Gewitter oder einen Orkan in die Anweisungen einbeziehen. Ihr Kind soll sich die Einflüsse vorstellen, doch standhaft bleiben. Beim Orkan dürfen Sie Ihr Kind leicht anstupsen, aber nicht zu fest, denn Ihr Kind soll sicher stehen bleiben.

Tipp:

Damit jüngere Kinder ein besseres Gefühl bekommen, lohnt es sich, mit ihnen einen Baum genauer zu betrachten und die Funktion der Wurzeln zu erklären. Einige Kinder im Kindergarten oder in der 1. Klasse wissen nicht, dass der Baum unter der Erde weiter wächst. Anstelle des Baums können Sie andere Sinnbilder verwenden. Mag Ihr Kind beispielsweise Raubkatzen oder Bären, können Sie die Stärke dieser Tiere ausnutzen und die Übung auf ein Tier abändern. Hauptsache ist, dass Ihr Kind nach der Übung mit einem Gefühl der Stärke gefüllt ist, um beispielsweise gestärkt an eine Prüfung zu gehen.

Achtsamkeit durch Augenentspannung

Altersempfehlung: ab dem Kindergarten

Ablauf:

Kinder nehmen viele Reize über die Augen wahr, die täglich stark gefordert werden. Deshalb sollten Kinder ihren Augen auch einmal eine Pause gönnen. Es gibt diverse Übungen zur Entspannung der Augen. Einige davon können Sie einfach zu Hause anwenden:

- Ihr Kind schließt die Augen und schaut mit geschlossenen Augen abwechslungsweise nach unten und nach oben. Nach etwa zehn Durchläufen schaut Ihr Kind mit geschlossenen Augen abwechslungsweise nach links und nach rechts. Nach weiteren zehn Durchläufen kreist Ihr Kind die Augen. Wichtig ist, dass sich nur die Augen unter den geschlossenen Lidern bewegen und nicht der komplette Kopf.

- Halten Sie einen Finger mit einem Abstand von etwa 20 Zentimetern vor die Augen Ihres Kindes. Danach formen Sie langsam Buchstaben, Zahlen oder Figuren in die Luft. Ihr Kind soll der Fingerspitze mit den Augen folgen. Nach etwa einer Minute machen Sie eine Pause und Ihr Kind schließt für 30 Sekunden die Augen.

- Fordern Sie Ihr Kind auf, für etwa 30 Sekunden möglichst oft und schnell mit beiden Augen zu blinzeln. Das fördert die Muskulatur, löst Verspannungen und sorgt für einen reinigenden Tränenfilm. Nach den 30 Sekunden soll Ihr Kind für mindestens eine Minute die Augen schließen. [12]

Steigerungsmöglichkeiten:

Je nach Übung können Sie die Geschwindigkeit und die Zeitdauer des aktiven Parts steigern. So soll Ihr Kind mehr als zehnmal die Augen bei geschlossenen Lidern bewegen oder Sie formen länger als eine Minute die Zahlen und Buchstaben in die Luft. Genauso wichtig sind jedoch die Entspannungsphasen, in denen Ihr Kind die Augen geschlossen halten und ausruhen soll.

Tipp:

Es gibt weitere solcher Entspannungsübungen für Kinder. Hat Ihr Kind beispielsweise morgens müde Augen, können Sie ihm am frühen Morgen ein wenig kühles Wasser auf die geschlossenen Augen geben. Wird Ihr Kind bei den Hausaufgaben immer müder oder kann es abends beim Lernen kaum noch die Augen geöffnet halten, eignen sich solche Augenübungen zur Auflockerung.

Lausche genau & entspann dich!

Altersempfehlung: ab dem Kindergarten

Material:

- Musikplayer, Laptop oder ein Smartphone
- CD, Video oder Musikdatei mit Entspannungsmusik oder Naturgeräuschen

Ablauf:

Für eine gute Entspannung soll sich Ihr Kind auf das Bett oder auf das Sofa legen. Ihr Kind soll die Augen schließen und ruhig atmen. Dann spielen Sie einen längeren Track mit Musik oder Naturgeräuschen ab. Wichtig ist, dass es möglichst sanfte und ruhige Töne sind. Ihr Kind soll ruhig atmen und den Geräuschen oder der Musik für einige Minuten lauschen. [12]

Steigerungsmöglichkeiten:

Jüngere Kinder liegen ungern für eine längere Zeit ruhig auf dem Bett, deshalb können Sie die Entspannungszeit langsam steigern. Fragen Sie Ihr Kind nach der Übung, was genau es gehört hat. Später können Sie mit ihm auch über die Emotionen sprechen, die es beim Hören empfunden hat.

Tipp:

Sie sollten zu Musik greifen, die ohne Text auskommt. Dadurch konzentriert sich das Kind stärker auf die Instrumente und die Geräusche als auf die Sprache. Achten Sie zudem darauf, dass der Track möglichst lange ist und keine Pause entsteht, weil der nächste Track gespielt wird. Solche unnötigen Unterbrechungen stören die Konzentrationsphase.

KAPITEL 5

Weitere Tipps & Tricks für Eltern

E ltern möchten nur das Beste für Ihr Kind. Sie handeln oft aus einer inneren Überzeugung oder möchten dem Kind eine Hilfe sein, stattdessen verschlimmern sie das Problem vielfach. Wahrscheinlich haben auch Sie schon Ihrem Kind eine Aufgabe abgenommen, um es zu entlasten oder Frust zu verhindern. Vielleicht haben Sie eine Schulzeichnung ausgemalt oder für das Kind das Zimmer aufgeräumt. Viele Eltern gelangen im Laufe der Erziehung an Grenzen, an denen sie nicht weiterwissen und aus lauter Verzweiflung reagieren. Solche Reaktionen sind meist falsch und führen zum Gegenteil des Gewünschten. Oder haben Sie Ihr Kind noch nie gezwungen, das Gemüse zu essen, was schlussendlich in einen riesigen Streit mit Tränen und Wut eskaliert ist? Der folgende Abschnitt hält einige Tipps und Tricks für Sie bereit, die Sie sich zu Herzen nehmen sollten. Wenden Sie die wichtigen Hinweise bei den nächsten Problemen an, hilft das beim Konzentrationstraining, in alltäglichen Situationen oder bei Aspekten der Schule.

Jedes Kind ist anders!

Zuerst sollten Sie sich bewusst sein, dass kein Kind gleich wie das andere ist. Sie könnten 30 Kinder haben und würden feststellen, dass die Stärken und Schwächen verschieden sind. Das ist nicht tragisch, sondern eine tolle Chance für die gesamte Welt. Wichtig ist, dass Sie sich dessen bewusst sind und Ihr Kind nicht versuchen, in ein „normales" Verhalten zu quetschen.

Jedes Kind befindet sich auf einem anderen Niveau

Das Schulsystem hat eine große Schwäche, denn es geht davon aus, dass alle gleichaltrigen Kinder auf demselben Niveau sind. Doch es gibt Kindergartenkinder, die bereits bis 100 rechnen können, andere wissen nicht einmal, wie alt sie sind und wieder andere tragen noch Windeln. Dasselbe trifft auf die Konzentrationsfähigkeit zu. Einige Kinder schaffen es schon im Kindergarten, der Lehrperson über 20 Minuten zuzuhören, während andere Kinder bereits nach einer Minute abschweifen. Deshalb ist es entscheidend, dass Sie als Elternteil Ihr Kind genau kennen. Wie lange kann es sich konzentrieren und wann schweift es ab? Versuchen Sie nicht, Ihr Kind weiter zum Konzentrieren zu zwingen, wenn es bereits nach fünf Minuten nicht mehr mag. Das ist kontraproduktiv und bezweckt nichts. Achten Sie besser auf Vorboten, die eine benötigte Pause und geringe Konzentrationsphase ankündigen. Vielleicht beginnt Ihr Kind zu gähnen, spielt mit dem Stift oder trinkt einen Schluck. Führen Sie notfalls ein Tagebuch, um Beobachtungen und Fortschritte zu notieren.

Sobald Sie bemerken, dass Ihr Kind nicht mehr kann, bauen Sie eine Pause ein. Lassen Sie Ihr Kind für einen kurzen Moment mit den Stiften Schlagzeug spielen, fordern Sie es auf, zehn Hampelmänner zu machen oder lassen Sie es kurz im Zimmer herumrennen. Nach einer Pause, einer Ablenkung und viel Bewegung wird es sich wieder besser konzentrieren. [4]

Es gibt ein bekanntes Bild, das die meisten Pädagogen kennen. Es zeigt unterschiedliche Tiere wie einen Affen, einen Elefanten oder einen Fisch. Vor den Tieren sitzt eine Lehrperson, die die Tiere für eine faire Entscheidung auffordert, auf einen Baum zu klettern. Es versteht sich von selbst, dass der Affe in kurzer Zeit auf dem Baum ist und der Fisch oder andere Tiere keine Chance haben. Genauso läuft es in der Schule, denn jedes Kind hat seine Stärken und Schwächen. Werden auch Sie sich über die Stärken und Schwächen Ihres Kindes bewusst. Das bedeutet aber nicht nur die Schwächen zu fördern und die Stärken außer acht zu lassen – im Gegenteil.

Ein Beispiel dazu ist ein Junge, der in die 2. Klasse geht. Dem Deutschunterricht zu folgen, fällt ihm sehr schwer, da er einen Migrationshintergrund hat und in der Familie kein Deutsch spricht. Dagegen kann er in der 2. Klasse bereits mit Zahlen von über einer Million rechnen, während alle anderen noch im 100er-Raum festsitzen. Das bedeutet, der Junge ist mit seinen Rechenaufgaben nach kurzer Zeit fertig. In dem Moment könnte die Lehrperson dem Jungen einige Deutschaufgaben geben, stattdessen ist es sinnvoller, ihn in der Mathematikstunde herauszufordern und Übungen mit größeren Zahlen bereitzu-stellen. Dadurch bilden sich seine Stärken besser aus und er hat eine höhere Motivation, sich auch in der nächsten Lektion zu konzentrieren und vorwärts zu arbeiten. Ein weiterer positiver Effekt ist, dass er mehr Selbstvertrauen erlangt, welches ihm in anderen Fächern nützt. Verharren Sie deshalb nicht nur auf den Schwächen, sondern geben Sie Ihrem Kind ein positives Gefühl, viel Lob und Beachtung, indem Sie ihm auch seine Stärken aufzeigen und sagen, was es schon sehr gut kann. Indem Sie die Stärken weiter fördern, zeigt sich Ihr Kind selbstsicherer bei Aufgaben, mit denen es noch große Schwierigkeiten hat.

Jedes Kind lernt anders

Setzen Sie zwei Kinder des gleichen Alters vor einen Dokumentarfilm mit Elefanten und sagen Sie ihnen, sie sollen möglichst viel daraus lernen, werden Sie große Unterschiede feststellen. Ein Kind wird Ihnen im Anschluss vielleicht alle Merkmale wie das Gewicht, die Größe oder den Verbreitungs- raum des Elefanten benennen können. Dem anderen Kind fällt vielleicht nur auf, dass der Babyelefant gerne im Matsch baden geht. Kinder lernen auf unterschiedliche Weise und selbst wenn alle Kinder dasselbe sehen, hören, riechen, fühlen oder schmecken, bedeutet das noch lange nicht, dass alle dasselbe wahrnehmen und speichern. Berücksichtigen Sie daher den Lerntyp und achten Sie darauf, wie Ihrem Kind das Lernen am einfachsten fällt. Versteht es mehr, wenn es einen Text liest? Muss es den Inhalt hören? Braucht es ein Experiment, um die Beziehung zu verstehen? Seien Sie sich bewusst, dass viele Kinder auf Neue Medien wie den Fernseher, das Smartphone oder den Laptop anspringen. Lassen Sie Ihr Kind doch einmal Rechenauf- gaben auf dem Laptop lösen, hier gibt es eine Vielzahl geeigneter Programme im Internet und Sie werden staunen, wie viel Freude Ihr Kind plötzlich bei den Aufgaben hat. [4, 10]

Auf einen Satz sollten Sie unbedingt verzichten: „Aber deine Schwester/ dein Bruder/ dein Freund kann das schon."

Vergleichen Sie diesen Satz mit dem Lieblingssatz vieler Kinder: „Aber mein Freund darf das auch." Sie sollten niemals Kinder und schon gar keine Geschwister miteinander vergleichen, denn damit beleidigen Sie Ihr Kind und es entsteht ein Konkurrenzkampf. Sagen Sie Ihrem Kind besser, dass jeder seine Stärken und Schwächen hat und es das auch bald können wird.

,,

„Kinder wollen nicht wie Fässer gefüllt, sondern wie Fackeln entzündet werden."

- Francois Rabelais

,,

Strukturierungen & Wiederholungen helfen dem Kind!

Können Sie sich einen Namen, eine Telefonnummer oder eine Adresse merken, wenn Sie die Angabe nur einmal gehört oder gelesen haben? Wie oft müssen Sie einen Brief mit wichtigen Anweisungen lesen, bevor Sie alles im Kopf haben und die Anweisungen umsetzen können? Wahrscheinlich müssen Sie die Angabe öfters hören oder die Anweisungen mehrmals lesen. Genauso geht es Kindern, denn je öfter sie eine Wiederholung des Gelernten haben, desto eher können sie sich das Wissen aneignen. Damit das schneller geht, hilft eine Struktur.

Kleine Details vereinfachen das Training

Kindern mit Konzentrationsproblemen helfen kleine Details und kleine Veränderungen, um sich besser fokussieren zu können. Geben Sie beispielsweise kurze und klare Anweisungen, damit Ihr Kind sofort weiß, was zu tun ist. Bleiben Sie bei einer Aufforderung, bis das Kind die Aufgabe erledigt hat und geben Sie erst dann eine neue Anweisung. Zur besseren Einschätzung der Zeit sollten Sie Ihrem Kind eine Sanduhr hinstellen. Kinder wissen nicht, wie lange fünf Minuten sind und selbst uns Erwachsenen kommt die Zeit manchmal viel länger oder kürzer vor. Eine Sanduhr ist eine gute Visualisierung der Zeit. Auditiven Lerntypen oder Kindern in der Konzentrationsphase hilft es, wenn Sie anstelle der Sprache mit Bewegungen oder Tönen arbeiten. Berühren Sie beispielsweise ein Windspiel, wenn die Konzentrationsphase beginnen soll und sobald sie vorbei ist. Heben Sie den Finger, wenn Ihr Kind seine Konzentrationsphase kurz unterbrechen und Ihnen zuhören soll. Kinder reagieren auf solche Töne oder visuellen Signale oft besser, als alles immer nur mit noch mehr Sprache zu belasten.

Klassische Abläufe einstudieren

Können Sie sich noch an die Situation erinnern, als Sie in Ihrem Studium oder in Ihrer Ausbildung einen langen Text oder ein komplettes Buch erhalten haben und daraus die wichtigsten Informationen entnehmen mussten? Wie haben Sie das damals gemacht? Haben Sie den kompletten Text mehrmals gelesen, haben Sie wichtige Stellen markiert oder haben Sie sich auf den Seiten kleine Notizen gemacht? Vielleicht gehören Sie ja zu den ganz Schlauen, die den Text nicht gelesen und einen Freund über den Inhalt ausgefragt haben? Als Erwachsene haben wir viele Methoden für die Alltagsbewältigung und wenden sie regelmäßig an, um uns das Leben einfacher zu machen. Kindern fehlen die Erfahrungen und das Wissen, wie sie etwas strukturieren müssen, wie sie an eine Aufgabe herangehen sollten oder wie sie eine Übung am besten lösen. Leider wird ihnen das in der Schule auch zu wenig aufgezeigt.

Deshalb liegt es an Ihnen, Ihrem Kind die nötigen Strukturen, Tipps und effektiven Methoden aufzuzeigen. Sagen Sie Ihrem Kind beispielsweise, dass es vor dem Lösen einer Aufgabe die Aufgabenstellung genau lesen muss. Oder wie viele Fehler haben Sie schon in Prüfungen gemacht, weil Ihnen nicht bewusst war, dass pro Frage mehrere Antworten möglich sind? Erklären Sie Ihrem Kind, dass es schwierige Aufgaben in einer Prüfung auslassen und später darauf zurückkommen soll. Doch bevor es die Prüfung abgibt, nochmals alle Aufgaben kontrollieren muss. Wie es einen Text schlau strukturieren kann und welche Aussagen daraus wirklich wichtig sind. Wie erkennt es die wichtigen Aussagen oder welche Stichwörter helfen bei Notizen? Kindern hilft es auch, wenn sie nach dem Durchlesen zuerst in eigene Worte fassen, was sie tun müssen oder was sie gelesen haben. Das erlaubt es Ihnen, bei einem Missverständnis einzuschreiten.

Regelmäßige Wiederholungen

Üben Sie mit Ihrem Kind solche Strukturierungen und Methoden, indem Sie gemeinsam unbedeutende Texte überarbeiten oder die Prüfungssituation einstudieren. Je öfter Ihr Kind die Chance hat, solche alltäglichen Situationen zu erleben oder an schwierige Aufgaben zu gelangen, desto eher kann es die erlernte Methode im Ernstfall umsetzen. Sie können auch Hilfestellungen einbauen, indem Sie mit Ihrem Kind zum Beispiel **Wenn-Dann-Sätze** formulieren. So kann sich Ihr Kind die Handlungsabläufe besser merken und weiß bei jeder Wiederholung der Situation, was zu tun ist. Beispiele dafür sind:

- „Wenn ich eine Testaufgabe nach dem zweiten Durchlesen nicht verstehe, dann gehe ich zur nächsten Aufgabe."
- „Wenn ich alle Aufgaben auf dem Blatt gelöst habe, dann schaue ich nochmals, ob ich keine Aufgabe vergessen habe."
- „Wenn ich einen langen Text vor mir habe, dann nehme ich einen Marker und streiche mir das Wichtigste an."
- „Wenn ich mit den Hausaufgaben beginne, dann überlege ich zuerst, was ich machen muss."

Wiederholungen und ein gutes Training sind überall möglich. Anstatt nur immer zu Hause eine Prüfungssituation nachzuspielen, soll es das Kind einmal bei Opa und Oma oder Verwandten machen. Das geänderte Umfeld zwingt Ihr Kind dazu, wie einstudiert zu handeln. Ist das Kind beim Üben, Wiederholen und Strukturieren nicht allein, fällt es ihm deutlich einfacher und es hat eine höhere Motivation. Nach einigen Probeläufen wird es ihm gut gelingen, das erlernte Wissen allein an einer Prüfung anzuwenden. Typische Konzentrationsübungen lassen sich auch in alltäglichen Situationen einbauen, damit Ihr Kind das Fokussieren überall lernt. Spielen Sie beispielsweise „Ich packe meinen Koffer" im Wartesaal des Arztes oder machen Sie mit Ihrem Kind ein Augentraining im Auto.

99

„Was du mir sagst, das vergesse ich. Was du mir zeigst,
daran erinnere ich mich. Was du mich tun lässt,
das verstehe ich."

- Konfuzius

99

Belohnungen sind besser als Bestrafungen

Hausarrest, Fernsehentzug, ohne Abendessen ins Bett, keinen Familienausflug oder abgeschaltetes Internet – welche weiteren Strafen sprechen Sie regelmäßig aus? Stellen Sie sich nun die Frage, wie gut diese Bestrafungen helfen und wie oft Sie dank der Bestrafung eine Verbesserung sehen? Es gibt Momente, da kommt das Kind nicht um eine Bestrafung herum und sie ist das richtige Mittel. Doch in Schulangelegenheiten und beim Konzentrationstraining sollten Sie aufgrund des höheren Effekts zu Belohnungen greifen.

Kleine Erfolge feiern

Welcher Satz spornt Sie zu einer besseren Leistung an „Das haben Sie gut gemacht, weiter so." oder „Das nächste Mal können Sie das besser." ? Für Kinder ist klar der erste Satz geeignet, denn Kinder möchten immer Anerkennung. Erhalten sie die gewünschte Anerkennung, versuchen sie diese das nächste Mal wieder zu erlangen. Ein Lob ist eine positive Bestärkung und schon die kleinsten Erfolge helfen den Kindern, sich besser zu fühlen. Das führt zu einem höheren Selbstvertrauen und einem besseren Selbstbild. Eltern müssen nur bewusst darauf achten, jeden noch so kleinen Erfolg als solchen wahrzunehmen und dem Kind rückzumelden. [4]

Negatives ausblenden

Viele Eltern und Lehrpersonen haben die Angewohnheit, nur die negativen Punkte wahrzunehmen. „Du hast wieder nicht dein Zimmer aufgeräumt.", „Du hast schon wieder deine Hausaufgaben vergessen." oder „Du hast Hausarrest, weil du deine Schwester oder deinen Bruder geschlagen hast." Doch sehen Sie auch, wenn Ihr Kind das Zimmer mit oder ohne Ihre Anweisung aufräumt? Loben Sie Ihr Kind, wenn es sein Geschwister tröstet? Bestärken Sie Ihr Kind, wenn es die Hausaufgaben bereits erledigt hat, wenn Sie nach Hause kommen? Solche kleinen Details vergessen viele Eltern, doch sind sie für Kinder von großer Bedeutung. Versuchen Sie in Zukunft einmal, negatives Verhalten auszublenden und Ihr Kind stärker zu loben und zu bestärken. Besonders beim Konzentrationstraining oder in Schulangelegenheiten sollten Sie auf Bestrafungen, Wutausbrüche oder Schimpfen verzichten. Bringt Ihr Kind eine schlechte Note nach Hause, dann fragen Sie Ihr Kind, wie Sie gemeinsam eine bessere Note hinbekommen. Anstatt Ihr Kind zu bestrafen oder zu meckern, sollten Sie gemeinsam nach Lösungen suchen und Ihr Kind unterstützen. Schauen Sie sich die Prüfung an und zeigen Sie Aufgaben auf, die Ihr Kind vorbildlich gelöst hat oder bei denen es die volle Punktzahl erreicht hat. Loben Sie Ihr Kind für die Teile, die es gut gemacht hat. Sollte das Kind dann bei der nächsten Prüfung eine leicht bessere Note haben, so belohnen Sie es und überschütten Sie Ihr Kind mit Stolz, denn nur so wird es in Zukunft den Ansporn haben, noch bessere Noten zu erhalten. [4]

Die richtige Belohnung wählen

Viele Eltern belohnen ihre Kinder falsch. Die Gründe dafür sind häufig, dass sie selbst so belohnt wurden, es nicht besser wissen oder keine Zeit für geschicktere Belohnungen haben. Süßigkeiten, Fast Food und allgemein Lebensmittel sind keine guten Belohnungen. Ihr Kind lernt dadurch, dass es für eine gute Leistung Essen bekommt. Das führt später zu Übergewicht und Ernährungsproblemen, weil Ihr Kind dann viele Probleme mithilfe von Lebensmitteln löst. Greifen Sie genauso wenig zu materiellen Belohnungen wie einem neuen Smartphone, einem Laptop, einem Skateboard oder anderen Gegenständen, an denen Ihr Kind nach kurzer Zeit keine Freude mehr hat. Ihr Kind gewöhnt sich zu schnell an teure Gadgets, die es dann bei jeder guten Note möchte und zudem bringen sie Ihrem Kind nur wenig. Schlussendlich muss sich Ihr Kind nämlich wieder mit sich allein beschäftigen. Doch was ist eine gute Belohnung?

Eine gute Belohnung ist etwas, das Ihr Kind auf emotionaler Ebene anspricht. Etwas, an das es sich noch Jahre später erinnert, weil es Spaß gemacht hat und Ihr Kind Freude daran hatte. Die Belohnung sollte zeitnah erfolgen und zur erbrachten Leistung passen. Hier bieten sich gemeinsame Aktivitäten, Spielzeiten oder Projekte an. Indem Sie Zeit mit Ihrem Kind verbringen, kann sich Ihr Kind später an tolle Momente erinnern. Dabei müssen es nicht immer die teuersten Aktivitäten sein, denn Sie werden staunen, mit wie wenig sich Ihr Kind zufrieden zeigt. Mögliche Belohnungen sind:

- Ein Puzzle kaufen und gemeinsam als Familie lösen.
- Längere Zeit gemeinsam mit dem Puppenhaus oder Rennautos spielen.
- Zusammen ein Bild für die Großeltern oder die Lehrperson malen.
- Gemeinsam einen Schneemann oder ein Iglu bauen.
- Eine größere Fahrradtour mit der ganzen Familie unternehmen.
- Eine kurze oder lange Wanderung machen.
- Ein gemeinsamer Ski- oder Snowboardtag umsetzen.
- Ein Ausflug ins Kino, in den Zirkus oder in den Zoo unternehmen.
- Gemeinsam das Auto reparieren, ein Möbel aufbauen oder ein leckeres Rezept kochen.
- Zusammen eine Kugelbahn aus Karton bauen.
- Eine Bildercollage mit Familienbildern für das Wohnzimmer gestalten.
- Eine Schlafzimmerwand in der gewünschten Farbe streichen.

Auch schwierige und pubertierende Jugendliche springen auf solche Belohnungen an, wichtig ist nur, dass Sie das Kind mitentscheiden lassen. Den Kindern kommen meist mehr Ideen in den Sinn, die ihnen Spaß machen und die sie schon lange machen wollten. Zusätzlich steigt die Motivation, wenn Ihr Kind die Belohnung selber aussuchen darf. Sie definieren dann einzig die Zeitvorgabe oder welche Leistungen Ihr Kind erbringen muss, um die Belohnung zu erhalten. Dennoch sollten Sie Ihr Kind nicht zu oft belohnen, denn Kinder gewöhnen sich schnell daran. Das führt dazu, dass sie irgendwann keine Motivation mehr haben und Dinge nur noch erledigen, wenn sie etwas dafür erhalten. Mit einem Punktesystem oder einer vorgegebenen Frist erhöht sich die Motivation für Ihr Kind. Zugleich entsteht keine Gewöhnung, sodass Ihr Kind auch nach längerer Zeit noch etwas ohne Belohnung erledigt. [13]

"

„Man kann in ein Kind nichts hineinprügeln, aber vieles herausstreichen."

- Astrid Lindgren

"

Mit Spaß lernen

Das oberste Gebot beim Konzentrationstraining ist, dass Ihr Kind Spaß bei der Sache hat. Ihr Kind macht deutlich besser mit und fördert seine Konzentrationsfähigkeiten besser, wenn es Spaß hat. Das bedeutet, dass Sie für den notwendigen Spaß sorgen sollten. Wenn Ihr Kind lacht und mit Ihnen Scherze machen darf, dann sind die eigene Motivation und der Effekt erhöht. Dasselbe trifft auf alle Bereiche zu, so sollten Sie diesen Punkt auch bei den Hausaufgaben, bei Prüfungsvorbereitungen oder bei der Hausarbeit berücksichtigen.

Den Nutzen verstehen

Damit Ihr Kind genug Motivation aufbringt und Spaß bei der Sache hat, muss ihm der Nutzen bekannt sein. Erklären Sie Ihrem Kind auf kindgerechte Weise, welche Vorteile das Konzentrationstraining bringt. Nur mit ausreichend Eigenmotivation wird das tägliche Training nicht zum mühsamen Prozedere. Altersgerecht bedeutet, dass Sie sinnvolle Argumente hervorbringen. Zeigen Sie Ihrem Kind zum Beispiel auf, dass es bessere Noten haben wird, dass es die Aufgaben schneller erledigen kann und so mehr Freizeit haben wird. Weniger hilfreich ist, wenn Sie ihm sagen, dass es der Lehrperson besser zuhören kann. Das interessiert Ihr Kind wahrscheinlich weniger. Sie können auch Bezug zu Ihrem Alltag nehmen und aufzeigen, wann Sie als Erwachsener eine gute Konzentration benötigen wie beim Autofahren, auf der Arbeit oder beim Kochen. Je besser das Kind den Nutzen versteht, desto höher ist seine Motivation. [9]

Kein langweiliges Abarbeiten

Viele Kinder langweilen sich im Unterricht, weil die Lehrperson die meiste Zeit vor der Klasse steht und etwas erklärt. Beim Arbeiten in der Schule sind es meist dieselben Arbeitsblätter oder Hefter, die dieselben öden Aufgabenstellungen haben. Damit Ihr Kind Lust auf das Konzentrationstraining hat, sollten Sie ihm erklären, dass es kein langweiliges Abarbeiten von Inhalten ist. Vielmehr ist es eine Art Spiel, das Sie gemeinsam spielen. Zeigen Sie die Übungen auf, damit Ihr Kind ein erstes Interesse bekommt. Wichtig ist, dass Ihr Kind sieht, dass das Training nicht mit Arbeitsblättern gefüllt ist, sondern es Bewegungsaufgaben oder andere spannende Übungen hat, die als Herausforderung zählen. Sollte Ihr Kind bei einer Übung plötzlich die Motivation verlieren oder keine Konzentration mehr aufbringen, ist Ihr sofortiges Handeln gefragt. Machen Sie eine kurze Pause, lenken Sie Ihr Kind ab oder fordern Sie es auf, wie ein Känguru durch das Zimmer zu hüpfen. Sie sollten reagieren, bevor Frust entsteht, ansonsten ist die Bereitschaft weg. [9]

Bei Schulaufgaben ist es meist schwierig, den Aspekt der Langeweile komplett auszuschalten. Die Aufgaben sind vorgegeben und meist sehr theoretisch, sodass Kinder mit Konzentrationsschwierigkeiten oder schulischen Problemen keine Lust darauf haben. Sie können zwar die Aufgaben nicht verändern, doch Sie können Spaß in den Alltag bringen. Motivieren Sie Ihr Kind, indem es alle 15 Minuten eine Pause machen und vom Stuhl hüpfen darf. Oder machen Sie nach den Hausaufgaben etwas Spannendes mit Ihrem Kind und versprechen Sie ihm beispielsweise, nach den Aufgaben draußen Fußballspielen zu gehen oder gemeinsam einen Kuchen zu backen.

Spaß ist ausdrücklich erwünscht!

Kinder lachen viel und Kinder lachen gern. Doch sie werden immer früher mit den Alltagssorgen konfrontiert und müssen früh erwachsen werden. Sie sollen selber ihre Hausaufgaben erledigen, möglichst keine Fehler machen und gute Noten nach Hause bringen, um später einen guten Job zu erhalten. Doch wo bleibt der Spaß? Denken Sie beim Konzentrationstraining oder den Hausaufgaben daran, dass es immer noch Kinder sind. Je öfters Sie Ihr Kind zum Lachen bringen und je mehr Spaß die Aufgabe macht, desto mehr Motivation bringt Ihr Kind mit. Ist es frustriert, mag es die Aufgaben nicht machen oder hat es den typisch gelangweilten Blick drauf, so bringen Sie Spaß in die

Sache. Kitzeln Sie Ihr Kind aus, beginnen Sie für einen kurzen Moment mit ihm zu kämpfen oder spielen Sie Fangen. Solche Ablenkungen sorgen dafür, dass Ihr Kind Spaß hat und mit guter Laune an die Übungen geht.

Gerade bei Aufgaben, die bei Ihnen und Ihrem Kind meist Frust auslösen, ist es umso wichtiger, gemeinsam Spaß und Freude zu haben. Möchte Ihr Kind beispielsweise das Zimmer nicht aufräumen, so probieren Sie einmal Folgendes: Machen Sie das Radio laut oder stellen Sie ein geeignetes Lied auf Ihrem Smartphone ein. Dann gehen Sie in das Zimmer und beginnen mit Ihrem Kind zu tanzen. Sobald es mit Ihnen tanzt, beginnen Sie – im Tanz eingebunden –, die Spielsachen aufzuräumen. Lachen Sie gemeinsam und haben Sie Spaß, dann wird Ihr Kind Ihnen helfen und sein Zimmer ohne Streitereien aufräumen. Solche neuen Herangehensweisen werden schnell zu einem Ritual, an das sich Ihr Kind gewöhnt und das bei jedem Versuch klappt.

Streitthema Hausaufgaben

Kennen Sie die Situation, wenn Ihr Kind von der Schule nach Hause kommt und Sie es auffordern, direkt die Hausaufgaben zu machen. Stattdessen möchte es zuerst etwas essen, dann ein wenig fernsehen und plötzlich meldet sich noch der Freund, der draußen spielen will. Sie lassen viele Ausreden gewähren, doch bald entsteht Frust, weil Ihr Kind die Hausaufgaben vor dem Abendessen noch immer nicht erledigt hat. Es kommt wieder einmal zum Streit, weil Ihr Kind keine Lust auf die Hausaufgaben hat und Sie keine Nerven mehr haben, Ihr Kind wieder und wieder an die Aufgaben zu erinnern? Wie jeden Abend sitzt Ihr Kind dann bis spät abends und total müde an den Hausaufgaben.

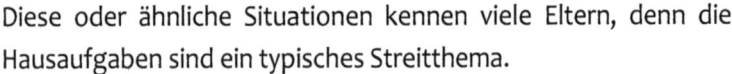

Diese oder ähnliche Situationen kennen viele Eltern, denn die Hausaufgaben sind ein typisches Streitthema.

Hausaufgaben als Schwachpunkt der Schule

Bevor Sie sich über Ihr Kind aufregen, sollten Sie sich über die Schule ärgern. Hausaufgaben sind eine große Schwachstelle des Schulsystems. Doch weshalb? Hausaufgaben führen dazu, dass Kinder mit Schwierigkeiten in der Schule noch größere Schwierigkeiten haben und viel Frust aufbauen. Kinder, die den Schulalltag problemlos meistern und gute Noten haben, lieben die Hausaufgaben und haben sie schnell erledigt. Nehmen wir als Beispiel ein in der Schule mittelmäßiges Kind, dessen alleinerziehende Mutter einen Migrationshintergrund, einen geringen Bildungsabschluss hat und die deutsche Sprache nicht richtig beherrscht. Beim Erledigen der Hausaufgaben kommen mehrere Probleme auf das Kind zu. Erstens kann die Mutter selten helfen, denn sie versteht die Sprache nicht. Sie ist meist am Arbeiten und kommt dem Schulstoff nicht mehr hinterher. Zweitens hat das Kind selbst Mühe mit dem Inhalt, sodass ihm die nötige Hilfestellung fehlt. Die Folgen daraus sind, dass das Kind die Hausaufgaben alleine und mit großen Schwierigkeiten erledigen muss. Es wird deutlich länger als andere Kinder brauchen, mehr Fehler machen – was oft eine zusätzliche Verbesserung zu Hause bedeutet – und wird trotz des Fleißes mit weniger Freizeit bestraft. Jetzt stellen Sie sich die Situation einmal vor, wenn beide Eltern einen akademischen Abschluss haben und in Deutschland geboren sind. Dank des guten Einkommens eines Elternteils kann der andere Elternteil den ganzen Tag zu Hause sein und dem sonst schon leistungsstarken Kind helfen. Finden Sie das nicht auch unfair?

Die Ausgangslage ist unausgeglichen und Hausaufgaben führen oft dazu, dass gute Schüler noch besser und schlechte Schüler noch schlechter werden. Deshalb kommt immer wieder die Diskussion unter Pädagogen auf, ob die Hausaufgaben nicht vollkommen gestrichen werden sollten. Bis das soweit ist, sollten Sie sich bewusst sein, dass Hausaufgaben kein sinnvolles Konzept sind und Ihr Kind Ihre Hilfe braucht.

Eltern & Kinder versauern

Was passiert, wenn Ihr Kind keine Lust hat, die Hausaufgaben zu machen? In den meisten Familien kommt es zum Streit, denn die Eltern wissen, dass die Hausaufgaben nicht freiwillig, sondern eine Pflichtaufgabe sind. Sie zwingen das Kind, die Aufgaben zu machen. Das Kind wird wütend, beginnt zu weinen und macht die Hausaufgaben unter Zwang, ohne ein eigenes Interesse oder eine Motivation zu haben. Die Kinder verzögern die ganze Sache, brauchen deutlich länger und sind nur halbherzig dabei, sodass sich diverse Fehler einschleichen. Das steigert wiederum die Wut der Eltern, denn das Kind sollte endlich vorwärtsmachen und die Aufgaben zuverlässig erledigen. Tatsächlich ist das eine Endlosspirale, in der sich die Eltern immer stärker aufregen und die Kinder immer frustrierter werden.

Um aus diesem Teufelskreis auszubrechen, müssen Sie und Ihr Kind sich etwas bewusst sein. Sie als Eltern möchten nur das Beste für Ihr Kind und wollen, dass es die Hausaufgabe wie von der Lehrperson gewünscht erfüllt. Sie wissen als Erwachsener, wie wichtig es ist, die verschiedenen Aufgaben souverän zu erledigen. Ihr Kind dagegen sieht einen Zusatzaufwand, der Zeit kostet und aufgrund großer Schwierigkeiten beim Lösen zu mehr Frust führt. Es macht nicht absichtlich Probleme oder verhält sich schwierig, sondern schützt sich mit diesem Verhalten selbst. Es möchte nicht wieder vor Aufgaben sitzen, die zu kompliziert sind und ihm das Gefühl geben, nichts zu können. Es will nicht noch mehr Freizeit opfern für Aufgaben, die anschließend voller Fehler sind. Vereinfacht gesagt, möchte es einfach ein Kind sein. Die Preisfrage ist, wie Sie die zwei Anschauungsweisen von Hausaufgaben vereinen können?

Kompromisse eingehen & Motivation finden

Das Thema Hausaufgaben ist eine harte Nuss und Sie müssen alles Wissen vereinen, das Sie aus diesem Buch haben. Sie sollten den Zweck und Nutzen hinter den Hausaufgaben erklären, Sie sollten Verständnis aufbringen und Ihrem Kind zuhören und Sie sollten dafür sorgen, dass Ihr Kind die nötige Motivation aufbaut. Das gelingt, indem Ihr Kind die Hausaufgaben nicht alleine erledigen muss. Gemeinsam mit einem Elternteil, mit Freunden, Verwandten oder Geschwistern können Sie verhindern, dass beim Erledigen der Hausaufgaben Frust entsteht. Möchte Ihr Kind vor dem Erledigen der Hausaufgaben etwas essen, so gehen Sie darauf ein und machen Sie einen Kompromiss. Geben Sie Ihrem Kind dennoch zu verstehen, dass es direkt nach dem Essen mit den Aufgaben beginnt. Bauen Sie Pausen ein, in denen Ihr Kind sich bewegen, spielen oder sich austoben darf. Versuchen Sie die Aufgaben lustiger oder interessanter zu gestalten. Lesen Sie beispielsweise die Aufgabenstellungen lustig vor oder berechnen Sie die Rechenaufgaben absichtlich falsch vor, damit Ihr Kind über Ihre Fehler lachen kann. Berücksichtigen Sie die individuelle Persönlichkeit Ihres Kindes und setzen Sie dort an. Muss Ihr Kind beispielsweise einen langen Text lesen und Fragen dazu beantworten, so lesen Sie den Text bei auditiven Lerntypen vor. Loben Sie Ihr Kind, wenn es die Hausaufgaben trotz großer Mühe geschafft hat und belohnen Sie es mit kleinen Gesten der Zuneigung.

Ein weiterer Tipp zu den Hausaufgaben ist, dass Sie nicht zu sehr die Rolle der Lehrperson einnehmen. Oft kommt es bei Hausaufgaben zum Streit, weil die Eltern Ihre Kinder auf Fehler aufmerksam machen und eine Korrektur verlangen. Doch das ist nicht Ihre Aufgabe! Natürlich möchten Sie, dass Ihr Kind die Aufgaben richtig erledigt, aber Sie sollten in diesem Moment einzig als Hilfsperson agieren. Überlassen Sie die Korrektur der Lehrperson, denn viele Kinder haben Mühe, wenn sich die Eltern in diese Rolle drängen. Sie können dieses Minenfeld einfach umgehen und Streit verhindern, indem Sie Ihr Kind auf die Fehler hinweisen, doch es nicht zur Korrektur zwingen. Ein weiterer Tipp ist, dass Sie den Fleiß und die Bereitschaft Ihres Kindes anerkennen. Wenn Ihr Kind eine längere Zeit an der Hausaufgabe sitzt und sich wirklich Mühe gibt, doch einfach nicht weiter oder schneller vorwärtskommt, sollten Sie die Hausaufgaben abbrechen. Schreiben Sie der Lehrperson einen Zettel mit einer kurzen Erklärung, weshalb die Hausaufgaben nicht erledigt sind. Die meisten Pädagogen zeigen sich einsichtig und verständnisvoll. Kommt das oft vor, sollten Sie das Gespräch mit der Lehrperson suchen, denn manchmal liegt das Problem nicht an den Schwierigkeiten Ihres Kindes, sondern an den Ansprüchen der Pädagogen.

99

„Die Aufgabe der Umgebung ist es nicht, das Kind zu formen, sondern ihm zu erlauben, sich zu offenbaren."

- Maria Montessori

99

Das Wichtigste aus dem Kapitel

- Jedes Kind ist anders und deshalb sollten Sie einen für Ihr Kind geeigneten Weg finden.

- Trotz derselben Größe, demselben Alter und derselben Erziehung befinden sich Kinder auf unterschiedlichen Niveaus.

- Beim Lernen, Üben oder Konzentrationstraining sollten Sie die Konzentrationsfähigkeiten, den Lerntyp und den individuellen Charakter Ihres Kindes berücksichtigen.

- Sie sollten Ihrem Kind Hilfestellungen anbieten, indem Sie ihm geeignete Bewältigungsmethoden beibringen, klassische Abläufe einstudieren oder Tipps zur Strukturierung aufzeigen.

- Kleine Details wie kurze Anweisungen, eine Sanduhr oder akustische Signale und Handzeichen helfen Ihrem Kind.

- Wiederholen Sie das Geübte regelmäßig, sodass Ihr Kind das Wissen im Schlaf anwenden kann und eine hohe Sicherheit durch eine gekonnte Routine erlangt.

- Feiern Sie kleine Erfolge und belohnen Sie Ihr Kind nach erbrachter Leistung mit geeigneten Aktivitäten, die Ihr Kind auf emotionaler Ebene ansprechen.

- Bestrafungen, Beschimpfungen oder Belohnungen auf Basis von Lebensmitteln oder materiellen Geschenken sind tabu.

- Damit Ihr Kind neue Inhalt lernen oder beim Konzentrationstraining mitmachen möchte, sollte es den Nutzen hinter der Übung verstehen.

- Langweilige Arbeiten lassen sich mit Bewegung, spaßbringenden Pausen oder lustigen Momenten auflockern.

- Lachen Sie viel und gemeinsam mit Ihrem Kind, damit es die Aufgaben mit einer positiven Emotion verbindet.

- Hausaufgaben führen in vielen Haushalten zu Streit, deshalb sollten Sie das im Buch gelernte Wissen anwenden: Lernmotivation steigern, Verständnis zeigen, gemeinsam statt einsam, den Nutzen erklären, Frust verhindern und Kompromisse eingehen.

Anhang

Literaturverzeichnis

1. Akademie für Lerncoaching: *Konzentration und Aufmerksamkeit fördern*; mit-Kindern-lernen.ch; [https://www.mit-kindern-lernen.ch/lernen-kinder/konzentration-und-aufmerksamkeit/133-was-wir-ueber-konzentration-und-aufmerksamkeit-wissen-muessen]; (22.03.2021)

2. Regionale Schulberatungsstelle für den Kreis Warendorf: *Sich konzentrieren können, Konzentration lernen*; [https://www.schulpsychologie.de/wws/bin/1302602-1303114-1-konzentration_ges.pdf] (22.03.2021)

3. Julia Pollich (2020): *Hat mein Kind eine Konzentrationsschwäche*; Hallo : Eltern; [Konzentrationsschwäche bei Kindern: Infos & Tipps - Hallo Eltern (hallo-eltern.de)] (22.03.2021)

4. Scoyo GmbH: *Schritt für Schritt Konzentration bei Kindern fördern*; in ELTERN! Magazin; [https://www-de.scoyo.com/eltern/lernen/lerntipps-lernmotivation/konzentration-bei-kindern-foerdern] (22.03.2021)

5. Burkhard Heidenberger: *Konzentrieren macht Spass – 50 Konzentrationsübungen für Kinder*; Zeitblüten; Wien

6. Concentrix: *ADHS: Durch gesunde Ernährung Konzentration und Aufmerksamkeit steigern;* [https://www.concentrix.eu/magazin/adhs-gesunde-ernaehrung/#4] (02.04.2021)

7. Concentrix: *Die Top 10 Tipps für mehr Konzentration beim Lernen;* [https://www.concentrix.eu/magazin/10-tipps-konzentration-lernen/] (02.04.2021)

8. Scoyo GmbH: *Lernblockaden erkennen und Lösen: Tipps für mehr Spaß beim Lernen;* in ELTERN! Magazin; [https://www-de.scoyo.com/eltern/lernen/lerntipps-lernmotivation/lernen-mit-spass-tipps-zum-erkennen-und-loesen-von-lernblockaden] (22.03.2021)

9. Scoyo GmbH: *Studie Lernen macht Spaß: Wie Schüler die Freude am Lernen nicht verlieren;* in ELTERN! Magazin; [https://www-de.scoyo.com/eltern/lernen/lernen-mit-spass/artikel-studie-lernen-mit-spass] (22.03.2021)

10. Scoyo GmbH: *Welche Lerntypen gibt es? Tipps zur Lerntypenbestimmung und passende Hilfsmittel;* in ELTERN! Magazin; [https://www-de.scoyo.com/eltern/lernen/lerntipps-lernmotivation/welche-lerntypen-gibt-es-informationen-und-tipps-zur-lerntypbestimmung] (22.03.2021)

11. Barbara Schniebel (2020): *20 Konzentrationsübungen für Kinder;* Hallo : Eltern; [https://www.hallo-eltern.de/kind/konzentrationsuebungen/] (22.03.2021)

12. Burkhard Heidenberger: *Entspannungsübungen für Kinder*; Zeitblüten; Wien

13. Akademie für Lerncoaching: *Kinder motivieren*; mit-Kindernlernen.ch; [https://www.mit-kindern-lernen.ch/lernen-kinder/motivieren/100-belohnungen-nuetzlich-oder-schaedlich] (02.04.2021)

Downloads aus dem Buch

Lernpläne

https://t1p.de/enzs

Lernvertrag

https://t1p.de/xcfo

Übungskärtchen

https://t1p.de/rzuq

Mandala Malvorlagen

https://t1p.de/to8o

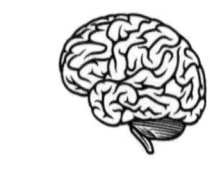

Fam & Habit

Haftungsausschluss

Dieses Buch enthält Meinungen und Ideen des Autors und hat die Absicht, Menschen hilfreiches und informatives Wissen zu vermitteln. Die enthaltenen Strategien passen möglicherweise nicht zu jedem Leser, und es gibt keine Garantie dafür, dass sie auch wirklich bei jedem funktionieren. Die Benutzung dieses Buchs und die Umsetzung der darin enthaltenden Informationen erfolgt ausdrücklich auf eigenes Risiko. Haftungsansprüche gegen den Autor für Schäden materieller oder ideeller Art, die durch die Nutzung oder Nichtnutzung der Informationen bzw. durch die Nutzung fehlerhafter und/oder unvollständiger Informationen verursacht wurden, sind ausdrücklich ausgeschlossen. Das Werk, inklusive aller Inhalte, gewährt keine Garantie oder Gewähr für Aktualität, Korrektheit, Vollständigkeit und Qualität der bereitgestellten Informationen. Druckfehler und Fehlinformationen können nicht vollständig ausgeschlossen werden.

Impressum

Christin Baumbach wird vertreten durch:

Filip Zilic

Wommelshäuserstr. 10

35080 Bad Endbach

Deutschland

E-Mail: famundhabit.verlag@gmail.com

Lektorat/Korrektorat: Tina Müller

Umschlaggestaltung: Katharina Netolitzky

Jahr der Veröffentlichung: 2021

Sie haben Fragen oder Feedback zum Buch?

Schreiben Sie uns gerne eine Mail an:

famundhabit.verlag@gmail.com